停止内耗的人生

四象限学习精进计划

日本龙樱团队 著

张君 译

图书在版编目（CIP）数据

停止内耗的人生：四象限学习精进计划 / 日本龙樱团队著；张君译. -- 北京：北京联合出版公司, 2025.
8. -- ISBN 978-7-5596-8276-5

Ⅰ. G791-49

中国国家版本馆CIP数据核字第2025QS3945号

NAZEKA KEKKA WO DASUHITO GA BENKYO IZEN NI YATTEIRUKOTO by TEAM DRAGON ZAKURA
Copyright © 2023 Team Dragon Zakura, Norifusa Mita/Cork
All rights reserved.
Original Japanese edition published by TOYO KEIZAI INC.
Simplified Chinese translation copyright © 2025 by Ginkgo (Shanghai) Book Co., Ltd.
This Simplified Chinese edition published by arrangement with TOYO KEIZAI INC., Tokyo, through BARDON CHINESE CREATIVE AGENCY LIMITED, Hong Kong.
本书中文简体版权归属于银杏树下（上海）图书有限责任公司

北京市版权局著作权合同登记 图字：01-2025-1425

停止内耗的人生：四象限学习精进计划

著　　者：日本龙樱团队
译　　者：张　君
出 品 人：赵红仕
选题策划：银杏树下
出版统筹：吴兴元
编辑统筹：周　茜
责任编辑：杨　青
特约编辑：刘　巍
营销推广：ONEBOOK
装帧制造：墨白空间·杨　阳

北京联合出版公司出版
（北京市西城区德外大街83号楼9层　100088）
嘉业印刷（天津）有限公司　新华书店经销
字数120千字　889毫米 × 1194毫米　1/32　7.5印张
2025年8月第1版　2025年8月第1次印刷
ISBN 978-7-5596-8276-5
定价：49.80元

后浪出版咨询（北京）有限责任公司 版权所有，侵权必究
投诉信箱：editor@hinabook.com　fawu@hinabook.com
未经书面许可，不得以任何方式转载、复制、翻印本书部分或全部内容
本书若有印、装质量问题，请与本公司联系调换，电话 010-64072833

序　言

我们在不断培育"现实中的龙樱[1]"的过程中领悟到：

成绩取决于"开始学习前的准备"！

亲爱的读者，你是否已经找到<mark>适合自己的努力方式</mark>了呢？

不论是参加升学考试、备战资格证书考试，还是习得新工作中的技能、涉猎新的学科知识，我们的一生中都会有很多时间用于学习。

然而，即便是那些花费了大量的时间在学习上的人，实际

---

1 编者注："龙樱"一词源自日本知名漫画作品《龙樱》（三田纪房著，讲谈社）。讲述在樱木老师的带领下，原本濒临破产、平均偏差值36、大学录取率只有2%、被称为"笨蛋高中"的私立龙山高中，被改造成每年有超过100人考进东京大学的升学名校。"龙樱"则取自龙山高中的"龙"和代表"樱花开花结果"的"樱"，漫画中的樱花树也是象征来年4月要考上东京大学的誓言。

上也可能**并没有真正掌握适合自己的学习方法。**

从我们的角度来看，**许多人的学习方式都很笨拙，就像是穿着不合身的衣服一样。**他们并没有掌握真正"适合自己的努力方式"。

另一方面，那些在各个领域取得成就的人，**往往都有一套"量身定制"的适合自己的学习方法。**他们往往在正式开始学习之前就准备好了适合自己的学习方法——因此可以**进行"适合自己的努力"**，从而事半功倍，甚至**"不劳而获"。**

培育出"现实中的龙樱"的学习方法专家团队

为了向大家传达我们的学习理念，首先请允许我们介绍一下自己。

我们是为漫画《龙樱2》提供内容创作和学术支持的"学习方法研究专家团队"。团队成员包括东京大学的在校学生、著名培训机构的讲师、大学副教授等优秀人才，大家共同开展了下面的工作：

◆ 我们向东京大学的300多名学生发放了调查问卷，

序 言

- 收集他们的学习方式、使用的参考书、生活习惯，以及为实现目标而采用的试错方法等信息。
- 根据对他们进行的详细访谈和在大学教育学院任职的专家教授的指导意见进行了资料分析。
- 在分析结果的基础上，我们在全国各地的学校开展了"现实中的龙樱计划"，收集学生们的真实意见。
- 将这些内容发表在了包括"东洋经济在线"在内的网络媒体和书籍上。

我们中的代表人物西冈一诚是东京大学的在校生，也是一位作家，曾参与《龙樱2》编辑工作。他本人就是一位名副其实的"现实中的龙樱"，他在高三时的偏差值[1]只有35，但最终成功逆袭，通过了东京大学的入学考试。

此外，为了孵化出更多"现实中的龙樱"，我们还在各种类型的高中开展了学习方法的指导工作。

通过我们的努力，许许多多的"现实中的龙樱"正在不断涌现，他们中有一些人高中三年级刚开始时数学考试成绩只有

---

1 编者注：偏差值是指相对平均值的偏差数值，与个人分数无关，是日本对于学生智能、学力的一项计算公式值，反映的是每个人在所有考生中的水准顺位。

零分，最终成功考上了东京大学；还有一些人是进入高中三年级时每天学习时间几乎为零，最终也成功逆袭进入东京大学。

2023 年，我们规划并指导了艺人小仓优子女士参加大学入学考试。

我们和小仓优子最初结缘于日本 MBS 电视台的综艺节目《星期一的青蛙，了解大海》[1]。该节目策划了一档"记录一边作为单亲妈妈养育着三个孩子，一边进行着演艺工作的小仓优子女士努力追逐考上大学的梦想"的内容，我们也应邀协助了这档节目的录制。

我们团队的全体成员齐心协力，各展所长分担起各科责任，为其备考提供了全方位的支持。虽然最终小仓优子未能如愿被她的第一志愿早稻田大学录取，但她成功考上了白百合女子大学，同时也通过调剂获得了学习院女子大学的候补资格。

考虑到小仓女士繁忙的工作和其最初的知识水平，这样的成绩也堪称是一个"现实中的龙樱"般的奇迹了。

---

[1] 译者注：日本 MBS 电视台综艺节目，因谚语"井底之蛙不知大海"，且播出时间为每周一晚上而得名。

序 言

掌握适合自己的学习方法
结果自然会水到渠成

为什么会出现这种成功的逆袭呢?原因就在于他们**在开始学习之前,**就已经做了某项关键的准备——**量身定制了一套适合自己的学习方法和努力方式。**

如果你本来就不喜欢学习,那么也不必强迫自己去喜欢它。**对于不喜欢学习的人,也有属于自己的努力方式。**

如果你没有时间,就不必勉强自己去挤出时间。**对于没有时间的人,也有办法以适合自己的方式做出努力。**

世上并不是先存在一种必需的学习方法,然后让我们为了适应这种学习方法而改变自己。

而是先有自己,先了解自己,然后再量身定制适合自己的学习方法,这样做才会获得更佳的学习效果。

无论你是什么类型的人,都能通过"开始学习之前"的准备,改变努力的方式,取得理想的成绩。

本书将向你传授**如何通过量身定制的学习方法更好、更快**

地获得成效。

不论你是不喜欢学习，还是没有时间学习；不论你是健忘，还是容易感觉无聊厌倦，每个类型的人都可以找到适合自己的学习方法——本书将为你详细解释如何做到这一点。

我们诚挚地希望，阅读过本书的每一位读者都能找到属于自己的学习方法，并在最短的时间内，以最快的速度，取得最好的成绩！

作者注：本书是在广受欢迎的"东洋经济在线"系列连载《不需要与生俱来的天赋，"逆袭考入"东京大学的方法》的基础上进行大幅增补和修改，重新组稿而成。

目 录

序 言 / 1

引 言
即使不喜欢学习或没有时间学习也没关系！
只要列出"四象限"，就一定能找到适合自己的学习方法

第 0 部分　"喜欢 × 擅长"的学习方法
对于"喜欢 × 擅长"的事情，无须采取特别的对策

第 1 部分　"喜欢 × 不擅长"的学习方法
不用拼命也可以！
通过"目的和目标的拆解"来找到适合自己的"正确的努力方向"

步骤 1　要有"不用太努力"的意识
　　　　——将注意力集中到"为了什么、要做什么"之上 / 29

| 步骤 2 | 通过分解来"认识自己"
——通过分解现状来确立明确的"目的" / 36
| 步骤 3 | 将"目的"转化为"目标"
——探索通往目标的"最短路径" / 43
| 步骤 4 | 设定"双重目标"
——通过设定最高和最低目标,最大限度地提高努力的质量 / 49

第 2 部分　"不喜欢 × 不擅长"的学习方法

不改变自己也没关系!
科学建立日常习惯,让学习进入"自动模式"

| 步骤 1 | 养成习惯
——创造一个"自然而然开始学习"的魔法环境 / 61
| 步骤 2 | 使用工具
——选择简单和有效的方法,而不是"改变自己" / 67
| 步骤 3 | 通过"任务量"来制订计划
——防止"三天打鱼,两天晒网",提高学习效率的方法 / 81
| 步骤 4 | 提前结束
——轻松克服"开始学习"这一最大障碍的秘诀 / 87

第 3 部分　"不喜欢 × 擅长"的学习方法

"嫌麻烦"也没关系!
通过高效利用时间的 4 个步骤,在最短的时间内获得最大

的效果

步骤1 设定张弛有度的节奏
　　——放松玩耍没有关系，但要把"漫无目的的时间"减少到零！ / 95

步骤2 用"逆向思维"来思考
　　——尽可能不做无用功，只专注于有效的努力 / 104

步骤3 缩减思考时间
　　——如果有现成答案，就直接拿来使用吧 / 115

步骤4 重视输出
　　——增加经科学验证的"变聪明的瞬间" / 125

第4部分　让大脑变得更聪明的习惯

不坐在书桌前也可以！
通过提问"为什么"，实现"只要活着，就能变聪明"

步骤1 提出问题并寻找答案
　　——把日常生活的一切都视为"教科书" / 135

步骤2 关联记忆法
　　——用最强大的技巧大幅提升记忆力 / 147

步骤3 文章应该从"开头"和"结尾"开始阅读
　　——使用"龙樱"式最强技巧，正确、快速、大量地阅读 / 160

步骤4 表达自己的观点
　　——3个疑问让你的写作水平显著提高 / 176

第 5 部分　持续努力的习惯

没有所谓"强大的内心"也没关系！
通过调整心态，实现持续、高效努力

步骤 1　改变你"使用的语言"
　　　　——为发挥真正的实力奠定基础　/　195

步骤 2　扮演
　　　　——持续扮演强者，终将真正强大起来　/　205

步骤 3　不将失败视为失败
　　　　——从失败中汲取"成长的养分"　/　216

结束语　/　228

作者简介　/　232

引 言

即使不喜欢学习或没有时间学习也没关系!

只要列出"四象限",就一定能找到
适合自己的学习方法

"非常努力却没有结果"的人会掉入的陷阱

那么,究竟为什么很多人无法做出"适合自己的努力"呢?其中最主要的原因是,他们并不了解自己。

樱木老师曾说过:

"考上东京大学的第一要诀是……了解自己。连自己的实力都不了解的人,是无法通过东京大学入学考试的!"

事实的确如此。

很多人并不了解自己擅长什么,不擅长什么,不知道该如何努力才能取得成果,不知道该如何花费时间才能把事情做好,因此会陷入"即使非常努力也没有结果"的困境。

事实上,一个人的意图与客观数据发生偏差是很常见的情况。

停止内耗的人生

举例来说,当你参加考试时,可能会发现在你认为自己"擅长"的领域,分数却出乎意料地低,或是在你认为自己"不擅长"的领域却出乎意料地取得了好成绩。

当你告诉别人"我的特长是这个"时,有时候会得到回应:"咦?你是那样的人吗?我觉得你像是更擅长那个方面呢。"

人类就是这样一种生物,经常会出现主观认知和客观认知不相符的情况。

因此,那些能够以最小的努力获得最大成果的人,会结合主观和客观的认知做出调整。真的擅长吗?真的不擅长吗?他们在正式开始学习之前就会检查这一点,以确保准确把握自己

《龙樱2》第2卷第10回"考上东京大学的第一要诀是'了解自己'"
编者注:本书漫画(单页)的阅读方向为从右至左。

擅长什么。

通过四象限进行分析，
你一定能找到适合自己的学习方法

在本书中，我们将介绍一种方法，能够帮助你正确认识自己的长处和短处，并有针对性地帮你找到能够取得成果的努力方法。

这里需要用到的就是下面的漫画中所介绍的四象限分析。

在正式开始学习之前，通过分析自己如何努力才能取得结果，认真地整理归纳四个象限，你就能更容易地取得成绩。这正是本书序言中所说成绩取决于"开始学习之前的准备"的原因。

四象限的使用方法，有如下3个步骤。

步骤1：创建一个四象限，竖栏写上"擅长"和"不擅长"，横栏写上"喜欢"和"不喜欢"。

步骤2：在四象限里写下你想要进行自我分析的内容。

停止内耗的人生

例如,"我觉得自己喜欢数学,但是上次考试没考好",那就写在"喜欢""不擅长"的区域;"我觉得自己不喜欢做演讲,但是上次的演讲表现不错",那就写在"不喜欢""擅长"的区域。

《龙樱2》第2卷第15回"完全失败"
作者注:四象限的横轴在原作中是"成功/失败",但在本书中改为"喜欢/不喜欢"。

步骤 3：完成表格，将"喜欢""不喜欢""擅长""不擅长"等主观和客观情况可视化。

在这个四象限中，"喜欢"和"不喜欢"表示主观感受。写下"我喜欢数学""我不喜欢在人前演讲"这样的话，第一步从明确自己的主观感受开始。

与此相对，"擅长"和"不擅长"表示客观条件。写下"我不擅长数学""我擅长在人前演讲"，这样就可以掌握其他人的想法和通过客观数据反映出来的情况。

这样，可以将你需要学习的内容分类为以下 4 种情况：

- 喜欢 × 擅长
- 喜欢 × 不擅长
- 不喜欢 × 擅长
- 不喜欢 × 不擅长

首先，重要的是要"让其可视化"。

针对这 4 种情况，"正确的学习方法"是不同的！

为什么需要"让其可视化"呢？因为针对这 4 种情况来研

究"正确对策"的方法是各不相同的。

例如,如果你采用适合"喜欢 × 不擅长"领域的学习方法去挑战"不喜欢 × 不擅长"的领域,就会发现很难坚持下去,很可能会"三天打鱼,两天晒网"。

如果你采用适合"不喜欢 × 擅长"领域的学习方法去挑战"喜欢 × 不擅长"的领域,那么会发现无论付出多少努力,都很难取得成果,只是在反复白费力气。

通过在四象限中整理出自己的"喜欢/不喜欢""擅长/不擅长",你可以明确知道对自己来说某一领域最适合的学习方法是什么。

那么,具体来说,每个象限适合哪种学习方法呢?

首先,对于"喜欢 × 擅长"的情况,你无须采取特别的对策。其次,对于其他情况,比如你"不喜欢"或是"不擅长"的领域,可以通过很多技巧和工具来有效提升学习效果。

本书将逐一为你详细解释适合每个象限的学习方法。

> **第 0 部分**
> "喜欢 × 擅长"
> 的学习方法
>
> 对于"喜欢 × 擅长"的事情,
> 无须采取特别的对策

引 言

> **第 1 部分**
> "喜欢 × 不擅长"
> 的学习方法
>
> 不用拼命也可以！
> 通过"目的和目标的拆解"来找到适合自己的"正确的努力方向"

这是一个你喜欢，且具备只要努力就有可能做成的潜力，但目前结果还并不如意的领域。因为在此领域，你只需再稍加努力就能"大功告成"的可能性很高，所以这是最应该优先努力的地方。

那么，为什么明明很喜欢却无法做好呢？

这种情况下，很有可能是**努力的方向**出了问题。既然这是一个可以持续努力的领域，那么就非常有必要认真地调整努力的方向。

第 1 部分将介绍如何设定必要的**"目的和目标"**来实现这一点。

> **第 2 部分**
> "不喜欢 × 不擅长"
> 的学习方法
>
> 不改变自己也没关系！
> 科学建立日常习惯，让学习进入"自动模式"

这是一个因为"不喜欢"从而成了"即使努力也难以做好"

19

的领域。

为了实践这些"完全不想做的事",建立一个可靠的系统是必不可少的。必须将其**养成一种习惯**,这样才能持续不断地努力。

那么,如何才能创建一个"可以持续实践的系统"呢?第 2 部分将介绍以此为目的的学习方法。

> **第 3 部分**
> "不喜欢 × 擅长"的学习方法
>
> "嫌麻烦"也没关系!通过高效利用时间的 4 个步骤,在最短的时间内获得最大的效果

这是一个尽管不喜欢,却出奇地可以取得一定成绩的领域。

在这种情况下,需要考虑的重点是**"如何在不浪费时间的情况下取得成绩"**。通过改进使用时间的方法,可以取得更好的效果。

因此,第 3 部分将介绍关于**"高效利用时间"**的内容。

> **第 4 部分**
> 让大脑变得更聪明的习惯
>
> 不坐在书桌前也可以!通过提问"为什么",实现"只要活着,就能变聪明"

接下来,我将介绍支撑四象限的"两个基石"。

当然，前三部分的学习方法已经足够有效，但是如果能将这"两个基石"夯实，那么效果将会成倍增加。

第一个基石是关于如何才能让头脑变得更聪明的"学习态度"的讨论。

大家有没有遇到过那种让你由衷觉得"这个人很聪明"的人呢？

他们不仅知识渊博，而且思维灵活，能够从意想不到的角度看待事物。这样的人在交谈中显得非常有魅力，令人仰慕向往。

许多人认为，这种人的聪明是"天生的"。他们会觉得"那个人真的很棒，和我根本不是一类人"，于是就会自我设限，甚至不再尝试去接近那个人。

但实际上，这种人的"优秀"是后天形成的。只要在日常生活中稍加巧思，我们也可以接近他们的水平。

第 4 部分将介绍如何通过"使头脑变聪明的学习方法"让自己变得越来越优秀。

| **第 5 部分**
持续努力的习惯 | 没有所谓"强大的内心"也没关系！
通过调整心态，实现持续、高效努力 |

最后是第二个基石，我们将介绍如何通过调整心态来实现持续不断地学习。

事实上，往往一个思维方式就能决定你能否坚持做某件事。

例如，假设大家正在做俯卧撑，你可能突然觉得已经无法坚持下去了！再多 1 个也不行了！但是如果此时有人给你这样的建议，你是不是会重新振作起来呢？

"再做 3 个，那样你就做到 100 个俯卧撑了。"

这样一来，你可能就会想："好吧，那我再努力 3 次！"就像这样，只是稍微改变一下思维方式，努力的方式也会发生变化。

综上所述，==本书的流程就是依据四象限中的位置来制订相应的对策。==

在错误的地方努力，却得不到任何成果，这是非常令人悲哀的事情。在开始努力之前，让我们先创建一个四象限，一起轻松地、切实地取得成果吧！

引言

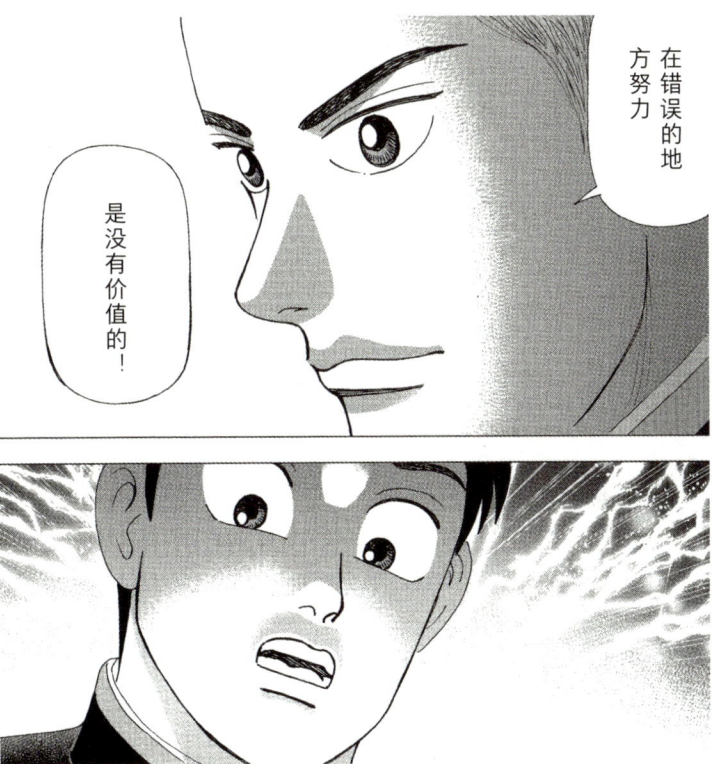

《投资者Z》(三田纪房著,讲谈社)第1卷·credit.2"秘密系谱"

第 0 部分

"喜欢 × 擅长"的学习方法

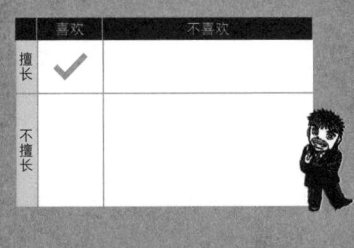

对于"喜欢 × 擅长"的事情,无须采取特别的对策

第 1 部分

"喜欢 × 不擅长"的学习方法

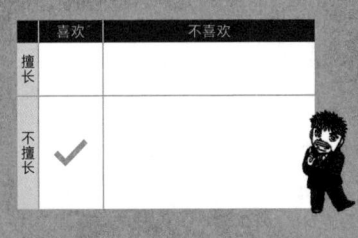

不用拼命也可以!

通过"目的和目标的拆解"来找到适合自己的"正确的努力方向"

要有"不用太努力"的意识
——将注意力集中到"为了什么、要做什么"之上

在第 1 部分中,我们将介绍关于"喜欢 × 不擅长"领域的学习方法,也就是关于"不是特别不喜欢,非要说的话更倾向于喜欢,但是结果似乎总是不尽如人意"这一领域的学习方法。

之所以第 1 部分介绍关于"喜欢 × 不擅长"的学习方法是有原因的,即**"喜欢 × 不擅长"的领域正是适合优先开始努力的领域。**

在开始学习之前,通过分析并制作好四象限后,我们建议首先从"喜欢 × 不擅长"的领域着手。为什么能如此断言呢?

既然是"喜欢 × 不擅长",那应该不会存在努力不足的情况。因为喜欢,所以可以让人在一定程度上持续付出努力。

尽管如此,但还是"不擅长"的话,则有很大的可能是因为"努力的方向"出现了问题。换句话说,只要修正了"努力的方向",成果自然会随之而来。

接下来，我们将介绍如何找到"正确的努力方向"。

"只要努力，就会有收获"的固有观念

我们团队每年都会遇到各种各样的学生。有些学生能够通过考试，也有一些学生遗憾落榜。

考试合格与否并不是由努力程度或学习时间的长短决定的。 有些人尽管付出了很大的努力，却仍然无法通过考试，而有些人虽然学习时间比普通人短，却能通过。

如果说时间投入多的人会更有优势，那么复读生的通过率应该会更高一些，但实际上，复读生和应届生的通过率并没有明显差异。

"只要肯努力，就会看到成果。"

这并不是错误的观点。但是，如果只是盲目地努力而不做任何思考，那就没有意义了。**如果不提升努力的质量，而只顾努力的数量，是不会取得想要的结果的。**

在这种情况下，你认为能够通过考试的人和没能通过考试

第 1 部分 "喜欢 × 不擅长"的学习方法

《龙樱2》第 1 卷第 7 回"不要努力"

的人之间有何差别呢？

总的来说，==取得成果的人和没有取得成果的人之间最大的区别在于"目的意识"==。

请看前文漫画《龙樱2》中的一个场景。

当我说"不要努力"时，很多人可能会想："不对，不努力学习怎么可能考上东京大学呢？"

我也同意这种看法。当有了某个目标时，"努力"似乎是理所当然的。但是，许多人却==错把"努力"本身当作了目标==。

学习效果由"目的"决定

从偏差值35到被东京大学录取的"现实中的龙樱"，也是我们团队的队长——西冈一诚表示，在刚开始学习时，他也决定要用比其他人更长的时间。

为此他削减了睡眠时间，全身心投入学习，甚至在洗澡和吃饭时也在学习，一心只想着怎样增加学习时间。

结果，他的成绩的确在一定程度上有所提高。偏差值从35提高到了60左右，看起来增加努力的数量确实能带来成效。

但是，仅仅通过努力并不足以使成绩再进一步提高。当他想要将偏差值提高到 60 以上时，之前的拼命努力就无法再有效果了。

要想让努力取得效果，就必须考虑**努力的目的**。

例如，假设你要学习 3 个小时，那么这 3 个小时你可以只看参考书。

另一方面，你也可以有意识地定下"在这 3 个小时内，要解决某个领域的问题"的目标，并努力去实现。

我经常会被问道："要想考上东京大学，一天要学习多少个小时呢？"我也问过东京大学的学生这个问题，他们往往都一脸茫然地回答道：

"因为我没有将重点放在时间上，所以根本没有计算过学了多少小时。"

在这一点上，东京大学的学生正如樱木老师所说的那样，是"不努力"的。

从结果上看，**"努力"并不是目的，只是日积月累的结果。"时间"不是首要的，"目的"才是首要的。**

能够将目标意识贯彻至最后的考生，才能最终取得成功。

因此，首先要有"目的意识"。通过思考"必须做什么"，才能真正致力于取得成果。

步骤 1 的关键点
- "不要努力"
- 只专注于"为了什么、要做什么"

步骤 2　通过分解来"认识自己"
—— 通过分解现状来确立明确的"目的"

那么,如何才能有明确的"目的"呢?接下来让我们来思考这个问题。

我认为,不论是在学习、运动还是商业方面,**要明确"目的",就需要进行"现状分解"。**

你认为自己究竟在哪些方面会失败?哪些方面优势突出?以及未来应该在哪一方面进行发展?我们必须要仔细地分解并思考这些问题。

比如,大家都会说英语吗?如果要求对自己的英语水平进行现状分析,你会怎么做呢?

我们团队在全国各地的学校为学生举办讲座时,经常会提出同样的问题。

大多数情况下,学生会回答"我不会说英语",或者"我不擅长英语",很多学生都认为他们的这些回答就是所谓的现状分析。

但是，这样显然是不够的。

比如，对于那些自我分析为"我不会说英语"的学生，如果我们问他："那么下一步你打算做些什么？"他们只会含糊地回答："好吧，我会努力学习英语。"

但这样的回答并不能解决"为什么我不会说英语""我应该怎样做才能说好英语"等问题。这样下去不仅永远也学不好（英语），而且付出的努力也很可能都会白费。

如果能够分解现状，就能确定对策

最关键的是要能对现在的状况进行分解，然后再来思考。

就算是英语这门学科，也分为许多不同的领域，包括听力、语法、写作、词汇，甚至口语等方面。==如果你不能清楚地认识到自己是在哪方面遇到了困难，哪些方面做得不够好才导致的分数低，那么一切努力都没有意义。==

更进一步说，每个领域内也有不同的难度。在英语语法方面，既有基础题也有应用题。在英语词汇方面，也可能会有"能从英文翻译成日文，但是很难从日文翻译成英文"的情况。

再次强调，最重要的是要**认真地进行分解，然后再来思考。**

在进行现状分析之前，我们先将各个组成部分分解开来。我们不是单纯考虑怎么学"英语"，而是分解成"英语词汇"和"英语语法"，甚至进一步细化到"英语语法中关系从句的基础题"这种程度，然后再深入思考。

如果你能进行这样的分解，那么剩下的事情就简单明了了——只需再各个击破这些分解出来的要素就可以了。

这不仅仅是针对考试科目的问题，对于烦恼也是一样。大多数问题只要能分解成要素，就可以迎刃而解。

比如，如果你只是笼统地感到"对即将到来的演讲很是担心"，而没有对这种担心进行分解、再思考，那么你的担心就会一直持续下去。

如果你能分解出是"对演示文档的内容不放心"，或是"担心自己是否能讲好"，又或是"不确定听众会有什么反应"，那么就能采取相应的对策了。

烦恼之所以会让人焦虑，就是因为它们没有被分解，而如

第 1 部分 "喜欢 × 不擅长"的学习方法

果你能分解它们，那么解决问题的线索就会浮现出来。

"龙樱"式分解技巧

也许有的人会说，"但我不知道该如何分解"或"我不知道自己哪些方面能做好，哪些方面做得不好"。樱木老师曾经说过这样的话：

"认识自己！"

要想知道自己擅长什么和不擅长什么，唯一的办法就是努力**收集数据**。除了**积极努力了解自己并依靠客观指标**以外，别无他法。

例如，如果你要参加升学考试或是资格考试，可能会在考试大纲中找到出题范围。你可以将其作为参考，进行分解和自我测试。

如果是参加 TOEIC[1] 的考试，你可以尝试解答往年的真题，

---

[1] 编者注：全称 Test of English for International Communication，中文译为国际交流英语考试，是由美国教育考试服务中心（ETS）开发的一项国际性英语能力测试。

停止内耗的人生

如果发现自己在听力部分得分较低，那么听力就是你的薄弱环节。在这种情况下，接下来应该做的就是提高听力水平。

此外，如果考虑到其中的难易程度，你可以更深入地进行分析拆解。比如，在进行"我果然还是不擅长做难题"，或是"我较容易在简单的题目上出现纰漏"等思考之后，你就可以进一步细分拆解，接下来需要做的事情就会越来越清晰。

《龙之樱2》第2卷第10回"考上东京大学的第一要诀是'了解自己'"

另一方面，如果是在工作中需要学习一些新内容，或是接触一门新的学科，并没有像考试那样的具体测试时，那么可以采用**按时间顺序思考**的方法。

例如，如果你不擅长制作资料，那么可以先试着考虑资料制作的步骤。

1. 从上司那里获取制作资料的建议和信息。
2. 根据获取到的内容，收集信息并进行内部调整。
3. 以书面形式总结和记录结果，形成材料。
4. 收集相关人员对书面材料的反馈并据此进行调整。

这样，我们首先按照时间顺序进行分解，然后再考虑这个过程中哪些部分比较耗时。

如果你发现"我在形成书面材料的时候花费了很多时间"，那么你就要开始思考："那么，为了更快地撰写书面材料，我应该做些什么呢？"

一旦你找到了自己的弱点，剩下的就很容易了。

==克服你所看到的弱点,这就是你的"目的"。==

步骤 2 的关键点
- 通过分解现状来确定正确的"目的"
- 进行分解的时候,要参照"出题范围"或"时间顺序"

> 步骤 **3** 将"目的"转化为"目标"
> ——探索通往目标的"最短路径"

当我们了解自己并确定了目的后,现在就来将它们转化为"目标"吧。

也许你会想:"什么?目的和目标不是一回事吗?"其实并不是。大家认为目的和目标有什么不同呢?

用英语说可能更容易理解。

目的在英语中是"goal"或者"purpose"。"目的"可以说就是我们最终追求的结果,最终想要完成的事。比如在前面的例子中,想要记住英文语法,或者想要提高将演讲材料组织成文章的速度等。

另一方面,目标用英文来讲是"target"。它指的是为了达到某种目的而设定的中间指标,或者是为了实现目的而采取的行动。

比如说,"为了学习英语语法,解答这本练习册的30页题目",或是"为了提高写作的速度,阅读10本关于写作技巧的书籍",目标其实就是可以用数字来衡量的指标。

这里所说的"制订目标"指的就是这个。

目的和目标经常被混淆。"解答30页英语语法练习册的题目"或"阅读10本关于写作技巧的书籍",这些都是目标而非目的。

为了达到"掌握英语的完成形态"这个目的,其中一个步骤是完成"解答30页练习册上的题目"这个目标。

因此,我们应该将目的和目标区分开来加以考虑。

目标越明确,结果就越明显

那么,现在来个小测验。大家对于"今天接下来要学习什么"这个问题,会有什么样的回答?

A:"我要学英语!"——他告诉我要学的科目。

B:"我正在学习某本数学参考书,打算完成其中的3道题目!"——他告诉我要学习的量。

C:"为了提高英语单词量,我打算记住英语单词书的第1

到 100 个单词！"——他告诉我要学习的内容。

这中间，最容易提高成绩的明显是"C"类型。

A 类型告诉我他在努力做什么，但是并没有真正考虑过学习的结果是什么。所以，当被问"你学英语是为了什么"时，他会陷入思考，"嗯？嗯……"。

B 类型乍看成绩会提高，但是"做 3 道题目"或"完成 4 页"这样的做法就变成了以"量"为目标。这样一来，如果没有进行从目的到目标的分解工作，就会误以为"只要努力做完这一本练习册就能通过考试"，很容易陷入将完成学习任务本身当成学习目的的误区。

C 类型的人，在明确了"目的"的前提下，写下了"目标"。首先明确要"提高英语单词量"这一目的，然后紧随其后，展开与之相关联的学习。

无论是 A 类型还是 B 类型的人，都无法想象他们在努力之后会有什么结果，因为他们只是在盲目地做事而已。

然而，C 类型的人在为实现目的而努力。这种类型的人能够做出切实产生结果的努力。

那么，我们将到目前为止的步骤进行整理，可以得出以下3个要点：

【当前问题】客观思考，我们现在需要什么？通过分解现状出现了什么难题？

【目的】从问题出发，得出我们想要实现什么目的，在实现目的之后，想要达到一个什么样的状态。

【目标】确定要做什么，并将其具体化为可以用数字衡量的指标。

将这3点写在纸上或电子备忘录中，能显著提高学习效率。

只有在已知"目的地"和"当前位置"时，才能确定最短路径

现在，让我们总结一下到目前为止的内容。

大家有没有使用过导航系统呢？

即使没有车的人，用导航系统来查询过地铁、公交的换乘也可以。无论你使用过哪种导航工具，当想要去某个地方时，

我想你会通过 3 个步骤来考虑路径。

首先是输入目的地。比如，如果想去富士山，则会输入"富士山"，如果想去北海道，则会输入"北海道"。

在这个时候，如果没有确定目的地，就无法去任何地方。如果只是想着"我就是在这一带到处逛逛……"，那么就不可能在不知不觉中登上富士山的山顶。如果你想登上富士山的山顶，就必须要明确指定"富士山山顶"作为目的地。

其次是输入当前位置。如果我们在东京车站，则会输入"东京车站"，如果我在香川县，则会输入"香川县"，以此类推。

如果不知道自己现在身处何处，那么也就无法得知该往哪个方向走或是该走哪条路。想去东京时，如果人在北海道，则应该向南走，如果人在大阪，则应该向东走。

但是，处于不知道自己身在何处的状态下，就无法做任何事情。因此，必须明确地知道自己现在的位置在哪里。

最后是线路的搜索。如果已经输入了目的地和当前位置，那么自然就能够了解"到那里的线路"和"哪条线路距离最短"。

此外，一旦确定了目的地和当前位置，应该很容易就能做出"最好不要走这条路"和"这条路可能会白费很多力气"之类的判断。

学习也是如此。

了解自己，把握自己的现状，就是明确**"自己目前的位置"**。

了解目的，把握自己的理想，就是明确**"自己将要去的目的地"**。

了解目标，构建方法论，就是明确**"这两个地点之间最短的路径"**。

如果遵循这种思路，你就一定能够找到"正确的努力方法"。

> **步骤 3 的关键点**
> - 从"目的"中拆分出"目标"
> - 一旦确定了目的地和当前位置，"正确的努力方法"自然就会显现

> 步骤 4
>
> 设定"双重目标"
>
> ——通过设定最高和最低目标,最大限度地提高努力的质量

现在我们聊一下设定目标的一些技巧。

即使设立了目标,也未必能够很好地付诸实施。究其原因,《龙樱2》将其归纳为:**错误地在目标与理想之间画上了等号。**

目标既不能太高也不能太低

在设定目标时,人们往往充满了干劲。在这种状态下,人们常常会倾向于设定一些类似"虽然可能很困难,但我想每天都要完成50页!"或"我想读完30本书!"这样过高的目标。

或者会从最终目的开始反推,"要达到这个目标必须要学习多少小时",像这样设定的目标常常会因为过于理想化而根本无法实现。

如果设定了这种过高的目标,想要每天坚持下去就会变得

非常困难。

而且，人往往遇到一点困难就可能会全然放弃。

开头两天可能还能完成，但如果第三天没有完成，就会感到"根本做不到"，然后从第四天开始就会放弃"执行"。

比如设定了"每天做 100 个仰卧起坐"的目标，开始的两天也许能完成，但到了第三天似乎做不到了……此时，人们不知为何往往不会想去"至少做 90 个"，而是容易选择"完全做不到 = 0 个"这种选项。

但是，如果把目标设得太简单，就会限制自己真正的能力范围。一旦设定说"做 15 页就好"，那么就真的只能做 15 页了。

因此，虽然希望大家把目标设得高一些，但是人一旦失败就容易感到沮丧，觉得无法实现自己的目标……可能会陷入这种两难境地。

在此，我们向大家推荐的方法是**"双重目标"**的思维方式。首先请来阅读一段漫画。

第 1 部分　"喜欢 × 不擅长"的学习方法

　　后文中这段漫画告诉我们,"双重目标"是一种设定两个目标的方法,==一个是"最低目标",另一个是"最高目标"==。事实上,东京大学的很多学生都在实践这种方法。

　　这种方法的特点是有两条目标线:我们将想要最低限度达到的那条线称为"最低目标",将想要最高限度达到的那条线称为"最高目标"。不是以"点"为单位来设定,而是以连接这两个目标之间的"线"来设定。

　　如果设定某个"点"为目标,人们往往会陷入自己"是否能够实现这个目标"的思虑中。而如果设定的是线性目标,那么要思考的则变为"以实现最低目标为前提,最终自己能够走

《龙樱》第 12 卷第 109 回 "双重目标"

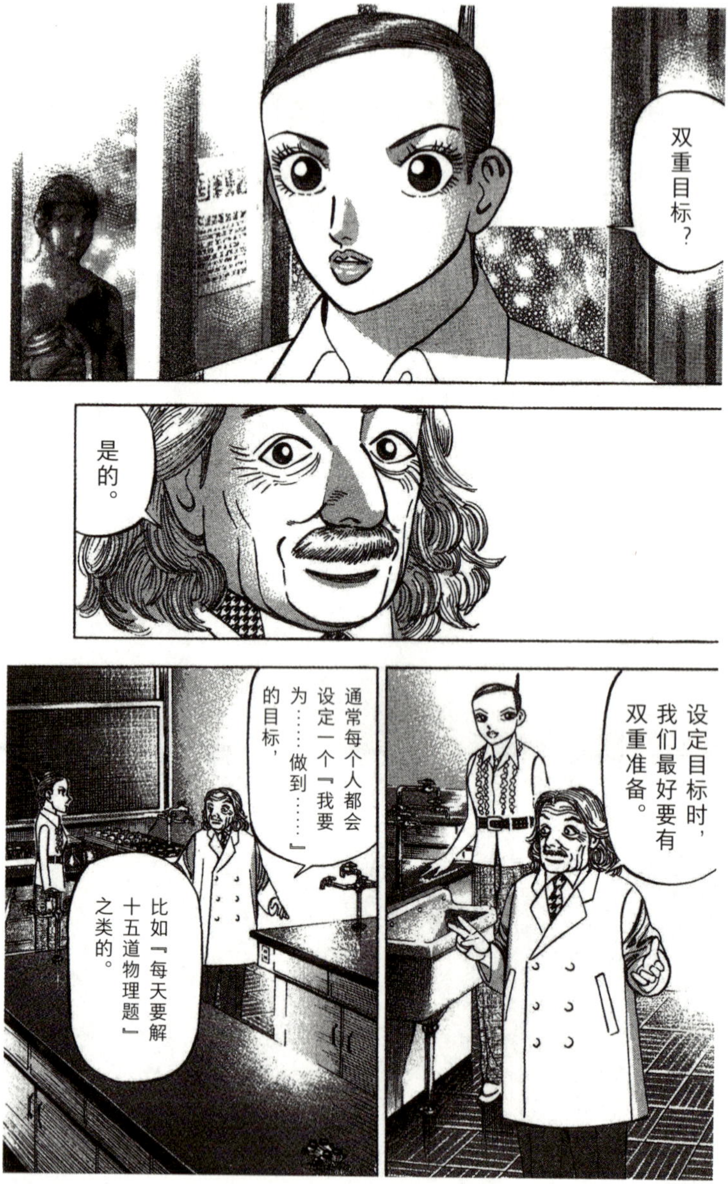
双重目标？
是的。
设定目标时，我们最好要有双重准备。
通常每个人都会设定一个『我要为……做到……』的目标，
比如『每天要解十五道物理题』之类的。

第 1 部分 "喜欢 × 不擅长"的学习方法

但大多数情况下都是『三天打鱼，两天晒网』。

因为目标只停留在愿望阶段，人们会把昨天没做到的量硬加在今天，重复这种不切合实际的要求。

而且一旦遇到一点挫折就会认为完全不行，就想要放弃。

为了防止这种情况发生，要设立两个目标。

一个是最低限度想要达到的目标，

如果能做到的话，再设定一个理想的目标。

就我来说，让学生通过考试，这是我的最低目标。

最低和理想……

停止内耗的人生

而理想的目标,则是让学生们产生对科学的兴趣,培养出未来想要从事科学事业并为社会做出贡献的人才。

多远"这个问题了,这样至少不会出现因为"无法实现目标而感到沮丧"的情况。

如果你设定了"至少要做 30 个仰卧起坐""至少要学习 2 个小时""至少要完成 10 页练习"这样的最低目标,那么就可以避免"什么都没做"这种最糟糕的情况了。

"双重目标"可以应用于各种情境

这种方法可以用于任何事情。例如,对于每天想要完成的学习数量或学习时间,或者希望完成的工作量,设定两个目标:"至少要完成 2 件!如果可以的话,就完成 4 件!"也是个不错的选择。

东大的学生在设置考试目标时也经常使用双重目标。

"80 分就好了,但至少要拿到 60 分。"设定两个目标分数,这样一来,他们觉得只要能够达到两个目标分数之间的分数就可以了。

另外,也可以用这样的方法设定笼统的目标:"在一年内让自己做到熟练编程是最低标准,而达到可以教授别人的水平是最高标准"。==可以设定每日的目标,也可以将时间跨度延长至一个月、一年或更长。==

综上所述,这就是针对"喜欢 × 不擅长"的情况的对策。

确定"目的",设定"目标"。这样一来,你就可以直线前进,而不会进行无谓的努力。同时,"喜欢 × 不擅长"的事情很快就会变成"喜欢 × 擅长"的事情了。

下一个部分针对"不喜欢 × 不擅长"的情况来介绍对策!

> **步骤 4 的关键点**
> - 目标既不能太高也不能太低
> - 设定"双重目标"可以让高质量的努力得以持续

第 1 部分
"喜欢 × 不擅长"的学习方法

**不用拼命也可以！
找到适合自己的"正确的努力方向"的 4 个步骤**

步骤 1

- "不要努力"
- 只专注于"为了什么、要做什么"

步骤 2

- 通过分解现状来确定正确的"目的"
- 进行分解的时候，要参照"出题范围"或"时间顺序"

步骤 3

- 从"目的"中拆分出"目标"
- 一旦确定了目的地和当前位置，"正确的努力方法"自然就会显现

步骤 4

- 目标既不能太高也不能太低
- 设定"双重目标"可以让高质量的努力得以持续

第 2 部分

"不喜欢 × 不擅长"的学习方法

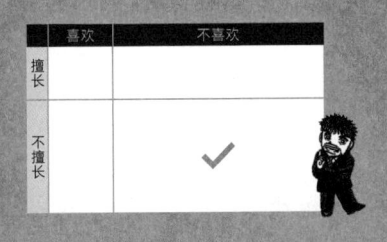

	喜欢	不喜欢
擅长		
不擅长		✓

不改变自己也没关系!

科学建立日常习惯,
让学习进入"自动模式"

步骤 1　养成习惯
——创造一个"自然而然开始学习"的魔法环境

在第 2 部分中，我们将介绍针对位于四象限右下方的、可以说是最大难题的"不喜欢 × 不擅长"领域的学习方法。

如果学习是让你既"不喜欢"又"不擅长"的一件事，嗯……那确实是完全不想做呢。相比于喜欢的事情，对于既不喜欢又不擅长的事情，**为了克服障碍，首先要设定的目标是让自己产生"想做"的想法。**

在开始做让你不喜欢又不擅长的学习这件事之前，首先要做的就是将其习惯化，也可以称为"常规化"。下面请看这段漫画。

停止内耗的人生

《龙樱2》第10卷第78回 "像刷牙一样"

"就像刷牙一样。"

这是当你想在"不喜欢 × 不擅长"的事情上取得成效时，最重要的思维方式。总之，你必须将其融入你的身体中，让你觉得仿佛不这么做就不舒服一般，使之成为一种习惯。

反而言之，现在让你觉得"不喜欢 × 不擅长"的事情，之所以会这样，恰恰是因为还没有将其习惯化。

另外，我敢肯定，大家应该都有一些因为已经重复过多次，以至于几乎可以下意识执行的事。

比如，不会有人在浴室洗澡的时候一直考虑每一步该做什么。

其实清洗身体是需要有一系列的步骤的，比如，用水桶舀水、使用洗发水或护发素等。但是通常情况下，我们可以自然而然地完成洗澡，几乎不需要有意识地去执行这些步骤。

我们之所以能够做到这一点，是因为已经反复做了很多次，已经让我们的身体形成了习惯，成了一种"常规"。

对于"不喜欢 × 不擅长"的事情，无论是开始做还是坚持做都是很困难的。即便如此，如果还是必须要做的话，那么最好的方法，就是让它变得像在浴室洗澡一样，**让自己能够不假思索地下意识去做。**

在"日常的空白地带"培养习惯

那么,具体来说,如何将"不喜欢 × 不擅长"的事情变得像刷牙和洗澡一样呢?

这里推荐的方法是**通过"地点"来培养习惯。**

例如,学校或工作场所被视为学习或工作的地方,并且事实上,除了我们自己以外的其他人也在这里学习或工作。

在这些地方,你应该也可以几乎无意识地开始学习或工作。因为这已经成为一种习惯。

然而,在家里学习或工作往往不能形成习惯。

家给人的印象是一个"休息的地方",这种形象在人们的内心中已经固定下来。因此,在家里往往难以养成工作或学习的习惯。

实际上,即使是东京大学的学生也是如此,他们在家里学习也很吃力。那么,他们是如何养成学习习惯的呢?

大多数人最常采用的方法是不在自己的房间里学习,而是在客厅或走廊里学习。自己的房间给我们的印象就是"休息的地方"，已经形成了"休息的惯例"。即使是东京大学的学生，打破这种多年形成的习惯也是相当困难的。

因此，最有效率的地方就是还没有形成任何习惯的客厅或走廊。**我们要做的就是把"不喜欢 × 不擅长"的学习当作一个新的日常惯例嵌入这些"日常的空白地带"，并使其习惯化。**

当我们和东京大学的学生交谈时，发现他们当中的很多人都是在客厅里学习的，而父母或兄弟姐妹同时在旁边做着不同的事情。这样在别人的注视下，会有一种紧张感，而且比在自己的房间里学习更容易养成习惯。

我自己也是，发现在客厅里学习比在自己的房间里学习更容易集中注意力，所以家人外出时我总是在客厅里学习。

站起来学习

如果你只能在自己的房间里学习，那么推荐你试一试"站着学习"。

如果你坐在椅子上或躺在床上学习，往往会不知不觉地想休息，因为这种习惯已经形成了。

但是，很少有人有站着做某事的习惯。

因此，**现在就建立起"'不喜欢 × 不擅长'的学习要站着进行"的新习惯吧。**众所周知，东京大学的学生中也有一些人习惯站着读书或写论文。

综上所述，对于"不喜欢 × 不擅长"的学习，通过改变学习的地点和姿势，将其转化为常规，是我们推荐的学习方法。

步骤 1 的关键点
- 对于不喜欢的学习尤其要养成习惯
- 在非常规的场所和环境中创造新的常规

> 步骤 2
> **使用工具**
> ——选择简单和有效的方法，而不是"改变自己"

那么，在调整好环境之后，这里有一个好消息要告诉大家。

那就是，你不必改变自己，就能养成"像刷牙一样"的习惯。

"啊，如果不改变自己，难道不会重蹈覆辙吗？"

你可能会这样想，但实际上并非如此。事实上，**试图改变自己的决心反而会成为养成习惯的绊脚石。**

正如后文漫画中樱木老师所说，许多人试图通过精神论来解决问题。

例如，"我不会懒惰的！我会坚持不懈！""我要封印导致懒惰的手机！"

停止内耗的人生

在这种时候,人们要试着改变自己的心态,努力进行自我改革。

为了实现这个目的,他们会阅读自我启发的书籍,参加研讨会,重新审视自己的决心。

靠自己改变自己的内在!试图重生为新的自己!

《龙樱2》第10卷第79回"更新的能力"

第 2 部分 "不喜欢 × 不擅长" 的学习方法

靠精神论解决问题是荒谬的

坦率地说，靠精神论解决问题纯属无稽之谈。当然，我承认它在短期内可能会产生效果。

但是，仅靠毅力坚持下去，==一旦毅力耗尽，一切就结束了。这只是在拖延问题。==这就像给一个说"牙好疼"的病人止痛药一样，无法从根本上解决问题，事实上"牙疼"的事实一直没有改变。

如果通过这种方式能解决问题，那么谁都不会吃苦了。==如果你想要改变自己，就不能再依赖自己。==

例如，如果让一个很难专心学习的人，每天阅读大量的提高学习动力的书籍，每天观看很多提高学习动力的视频，这样会有效果吗？

可能会有些帮助，但这并不是解决问题的根本办法。

与其如此，不如养成每天去自习室的习惯，这样可能会更加有效。

对于容易半途而废的人来说，光靠精神上的自我激励是没用的。倒不如建立起一种能够防止半途而废的机制。与其靠自己改变自己，不如借助外力，这样更加有建设性。

不要相信自己，要借助科技

在这种情况下，建议的解决方法是利用科技的力量。可以借助智能手机或其他设备。

"这是不是挺难的啊？"也许有些人会这样想，"我都不知道如何使用科技。"但其实大家早就或多或少地在利用科技的力量了。

例如，有没有人是用闹钟来叫醒自己的呢？
有没有人是设置好手机闹钟再睡觉的呢？

早上有多少人是不靠自己的意志，而是依靠机器来设定起床时间的呢？反过来说，纯粹依靠意志准时起床的可能性有多大呢？

"明天社团活动的比赛非常重要，我不想迟到！所以我决定

停止内耗的人生

《龙樱2》第10卷第79回"更新的能力"

靠意志力在早上 7 点起床！"如果听到有人这样说，你会怎么想？会不会笑着说："你在干什么呀？"

但事实上，那些试图通过意志力来克服学习动力不足的人与上面的例子如出一辙。**如果想要管理自己，就不能依赖自己。**在这种情况下，我们应该更多地使用智能手机。

而且当今时代还有很多可供使用的工具。

智能手机应用程序在不断发展，提供了各种各样的服务，所有这些都可以用来提高学习的效率。

有了这么多令人称赞的工具，让有些人觉得"自己一直以来的努力简直是巨大的浪费"，还有很多人可能只是没有意识到罢了。

那么，现在我将介绍 3 类应用程序，可以很好地应对"不喜欢 × 不擅长"的学习。

克服"不喜欢 × 不擅长"的应用程序 1：提醒

尽管很多智能手机都默认安装了提醒这一应用程序，但印象中使用它的人却不多。

大家是属于不容易忘记事情的一类人吗?你在学习或是工作中是否会经常忘记一些事情?

在这种情况下,提醒是个不错的选择。把自己要做的事情、必须要做的事情、计划要做的事情都输入到这里,然后通知未来的自己。

如果设置为在问题解决之前反复进行通知,那么你就绝对不会再忘记了。

关键就是把"某某,那个事情还没有做完吗?"这样的提问在自己的头脑中形成系统。

把所有你"不喜欢 × 不擅长"但是又不得不学的内容列成一份清单,并全部输入到手机提醒中。

同时,也建议你设定一个开始进行"不喜欢 × 不擅长"领域学习的时间,并将其设定到提醒中。然后,当你收到提醒时,无论正在做什么都要立刻开始学习。

通过这种方式,你就能逐渐养成攻克薄弱环节的学习习惯了!

推荐这样做还有另外一个理由，那就是**"可以在心中将任务语言化"**。

如果你不确定自己"要做什么"，那么很难开始去做。例如，你可能会有"我数学不好，所以我需要学习"或"我需要与部下沟通"之类的想法，但如果没有具体的计划，就很难付诸行动。

而通过在提醒里输入这些内容，会自然而然地将模糊的念头具体化。

"我要读这本数学书""我要给部下发一条某某内容的消息"，这样具体计划就出来了。将想法转化为语言，才能消除模糊性。

提醒是一个非常实用的工具，现在有很多不同的提醒应用程序，大家可以尝试各种新的应用程序，找到最适合自己的那款。

克服"不喜欢 × 不擅长"的应用程序 2：学习小组

接下来要介绍的是学习小组，这是一类可以预防"三天打鱼,两天晒网"的应用程序。

学习、工作、减肥、运动等很多事情,如果只是自己一个人做,就很容易"三天打鱼,两天晒网"。换句话说,一旦没有人监督,就会很容易放弃。

但是,如果能"一起行动",让其他人参与进来,就很难轻易放弃了。当你做出努力时,能够得到"哇哦!你一直在坚持,真是好样的!"这样的表扬,而当你懒惰时,则会被问"你今天没有做吗?"在这样的环境下,努力往往能够持久。

学习小组就是这样一类会给出"真是好样的!"和"你今天没有做吗?"这样反馈的应用程序。

安装这类应用程序后,你可以进入一个与你有相同目标的人的小组,比如减肥、学习或阅读等。

许多人聚集在同一个小组里,每个人都在为实现自己的目标而努力。

在小组里,每个成员都会上传能证明自己努力的照片,其他成员则会用"太厉害了"来鼓励称赞。这意味着即使是你一个人在努力,也能像与其他人一起努力一样,可以持续下去。

第 2 部分 "不喜欢 × 不擅长"的学习方法

《龙樱 2》第 10 卷第 78 回 "像刷牙一样"

在许多小组里会进行"我今天学习了 2 个小时""太棒了"这样的对话。

通过这种方式,即使在现实中周围没有想要实现相同目标的人,你也可以通过这种"交谈"来避免自己出现"三天打鱼,两天晒网"的情况。

安装应用后,请寻找正在学习你所"不喜欢 × 不擅长"内容的小组。在那里,与其他人互相鼓励,你一定能够战胜不想学习的懒惰心理!

克服"不喜欢 × 不擅长"的应用程序 3:照片/相册

请问大家是如何使用手机的照片/相册功能的呢?或许除了拍照并保存之外,很少有人会将照片和相册做其他目的来使用。

事实上,照片/相册的功能在学习中也非常有用。

许多东京大学的学生在准备高考的阶段都会创建一本"问题相册"。他们会将习题集或是考试中无法解决的问题拍成照片,并制作成相册,在以后复习的时候使用。

即使进入大学后，也会有人利用这种方法拍下某本实用书籍中想要记住的段落，或是以后想要再次查看的网络帖子，并将其制作成相册。

复习仍然是记忆最快捷的方法。通过反复查看，你将会牢牢记住不想忘记的内容。

因此，将这些"想要记住的东西"收集起来，并让它们处于可以随时被查看的状态是非常有用的。利用智能手机，我们可以一边刷牙一边复习，又或是在乘坐地铁时进行确认和订正。

当你在学习"不喜欢 × 不擅长"的内容时，可以用智能手机拍摄不明白的问题或想要学习的新知识，并将其整理到一个专门的相册中。只需在闲暇的时间里浏览这些内容，就能显著提高学习效率！

此外还有一种方法，可以将"真正想要记住的东西"或"一定不能忘记的事情"放在手机主屏幕的壁纸上，以便每次用手机时都能看到。这样一来，即使是再懒散的人，每次使用手机时也都可以回顾一下。

综上所述，让我们利用这些工具来推动习惯的养成吧！

步骤 2 的关键点

・不要仅凭意志力坚持,而是要制订一个能够持续执行的"机制"

・熟练使用"提醒""学习小组""照片/相册"等工具

步骤 3 通过"任务量"来制订计划
——防止"三天打鱼,两天晒网",提高学习效率的方法

好的,现在我们已经在步骤 2 中为短期内养成习惯奠定了基础,那么接下来就是制订计划。对于"不喜欢 × 不擅长"的内容,我们怎样才能长期坚持学习呢?为此,还需要制订一个计划。

然而,大家都知道,制订计划并整理出自己应该做的事情是非常困难的。即使我们知道应该做什么、有哪些任务、需要达成什么目标,但要实际制订出一个"具体应该怎样执行"的计划也是不容易的。

此外,事情很少真的会按照计划进行。若是只要制订出了计划就能确保按照其行事,那么就没有人会在学习上遇到困难了。

停止内耗的人生

不要制订日程表

在这种情况下,东京大学的学生是如何制订自己的学习计划的呢?

事实上,东京大学的很多学生都没有制订学习的"日程表"。作为替代,他们往往会设定一个"必须完成多少"的"任务量"。

首先,请看《龙樱》中,樱木老师对长假前的学生讲述"如何制订学习计划"的一幕。

《龙樱》第8卷第76回"标记式学习方法"

任务量？但是……
这和以前有什么不同呢？
比如说，我们原本打算花两个小时学习数学的二次函数，
但是，如果只是在这两个小时里漫无目的地学习，那么并不会达到我们期望的水平。
二次函数
2 个小时
计划
任务量
相比之下，如果要设定任务量的话，则会得到一个『解决十五道题』之类的具体任务。
不完成任务量绝不罢休，坚持到底，直到完全弄懂为止。
反之，如果比预计的时间提前完成，就不需要再继续解题了，可以休息一下，放松一会儿。

上述内容说明了**不根据日程表而是按照任务量来制订计划**的重要性。

即使你制订了日程表，想好了"从几点到几点要学习"，也未必能遵从。

"我在学习这个部分时，可能比预想的花费了更多的时间"，或者"出现了意外情况，不得不要外出一下"，很多时候我们都会因为这样或那样的理由导致无法遵从日程表的计划。

而人们在遇到这种突发情况且与日程表发生冲突时，往往会产生"啊，没有办法了"的想法而倾向于放弃。这个时候，整个计划就很容易崩盘。

然而，如果是设定任务量会怎样呢？

设定任务量需要比日程表考虑得更为具体。比起考虑"从几点到几点要学英语"，不如考虑"我要学完这份英语资料的这一部分到这一部分"，这样就可以更清晰地安排要做的事。

即使你考虑到"我想要改善英语听力，所以要每天学习"，但实际上你也无法确定是否真的提高了听力水平。

但是，如果你考虑的是"我想要改善英语听力，所以每天要学完这本教材中多少量的内容"，那么你就会清楚地知道自己需要做什么，并能有计划地完成这一任务。

此外，如果从任务量的角度来考虑的话，那么在计划不顺利时也很容易进行调整。

"昨天我只学了 3 页，如果今天能够学完 6 页就能赶上原本的进度"，就像这样，在遇到突发情况时，设定任务量比制订时间表更能方便做出应对。

"龙樱"式设定任务量的方法

那么，应该设定什么样的任务量呢？这个时候，此前在第 1 部分"明确目的"中介绍的分解方法就派上用场了。

制订计划归根结底就是将抽象的事务具体化的行为。

例如，我们很难将"英语"或"工作"之类抽象的概念直接写入计划中。

但是，如果将其分解为"英语单词""英语语法""听力"等，或者"制作企划书""回复邮件""制作文档演示资料"等，那么对需要做的事情就心中有数了。

把要做的事情分解之后，就可以为它们设定任务量了。

"背20页英语单词""做100道英语语法题"，或者"制作3份企划书""回复20封邮件"等，考虑好大致一周的任务量，并将其设定为"到下周一为止需要完成"是个不错的方法。

这里的要点是，与第一部分不同，在这种情况下，暂时不需要考虑目的，只需先进行下去。

第1部分是讨论"如何应对自己很喜欢却无法取得好成绩的学习内容"。与之不同，现在讲的是"针对不感兴趣的学习内容如何将学习变成一种习惯"的方法。

也就是说，这种情况下，**不要过多地考虑学习目的等复杂的事情，我们的首要任务是要达到一种无论发生什么都能继续前进下去的状态。**

> **步骤3的关键点**
> - 不是按照时间，而是按照"任务量"来制订计划
> - 任务量以"数字"为单位，不必考虑"目的"

步骤 4　提前结束
——轻松克服"开始学习"这一最大障碍的秘诀

现在我们来谈谈，在这样学习的过程中，有一项技巧可以在每完成一个阶段的学习后使用。

那就是**提前结束**。

"不彻底完成"才更容易开始下一次学习

即使你这次能够开展学习，也不一定意味着下一次也能继续学习。

当你在早晨、午休后开始学习，或是回到家后试图开始学点什么时，迈出"好吧，我们开始吧"的第一步实际上是最困难的事情。我认为，在学习或工作中，**最困难的部分不是结束，而是最初的"开始行动"**。

一旦开始行动，事情就会出人意料地向前发展。事实上，脑科学的研究也表明，所谓的**"动力"在我们真正开始行动后自然而然就会产生。**这是一个众所周知的事，也许有些人已经听说过了。

虽说我们已经知道了这一点，但如果能说着"那好吧"就开始行动起来，也就不会有那么多人感到困难了。

困难的是在最初决定开始行动的那个瞬间，先要从床上爬起来，放下手机，坐到书桌前，打开教材。

那么，我们应该怎么做呢？

在这里我要给大家推荐的是**提前结束**这一技巧（参见后文漫画）。

简而言之，就是"要以继续上次的工作为开始"。

将昨天的学习内容留下一点不要完成。然后第二天从**"继续昨天的内容"**开始。

不要在一个完整内容的节点处结束，而是在还有一页就能学完整本参考书的地方停下来。通过事先留下的这一点内容，可以让第二天早上轻松地从"总之先把昨天剩下的部分继续学完"开始。

第 2 部分　"不喜欢 × 不擅长"的学习方法

《龙樱》第 20 卷第 184 回 "东大历年真题的备考方法"

我们往往会这么想："在一个完整内容的节点处结束吧。""还差一点就结束了，那就学完这部分吧！"

但事实上，如果这一次彻底完成，那么下一次再开始就会变得很困难。

如果上次在一个临近终点的位置结束，下一次开始时，我们就会想着"上次结束在了一个不上不下的地方，要尽快把这部分内容完成"。

因此，==在临近终点的位置结束每次的学习，就能更好地与下一次学习进行衔接。==通过这样的安排，就能在下一次学习时轻松地迈出第一步了。

将对答案的工作留到下次

还有一种方法。在前一天晚上解答出题目后，忍住立刻核对答案的冲动，直接睡觉。

这样，到了第二天，即使感觉没有多少动力，但一想到"对了，昨天的题目答案是不是正确呢？"就会非常在意。

即使是一个不太有动力的早晨，画个钩钩叉叉并不会花费太多时间，就会产生"至少把这个工作做了吧"的想法。

然后，如果有做错的题，就会想："呃？为什么错了呢？""欸？为什么我会这样回答呢？"这样一来，就会促使自己"去看看解析吧""再翻翻参考书吧"，自然而然地就继续学习下去了。

如果全对了，那么就会产生"太好了！真是个好的开始！那我继续加油吧！"这样的想法，然后可以一整天保持着这样的势头努力下去。

综上所述，即使是让人不太有动力的"不喜欢 × 不擅长"的学习，也可以通过各种技巧来付诸实践。请大家一定要尽力尝试！

> **步骤 4 的关键点**
> - 尽量降低开始学习的难度
> - 通过提前结束学习、将对答案的工作留到下次等方法，让第二天的学习更容易启动

第 2 部分
"不喜欢 × 不擅长"的学习方法

不改变自己也没关系！
能够开启"自动模式"学习的 4 个步骤

步骤 1

- 对于不喜欢的学习尤其要养成习惯
- 在非常规的场所和环境中创造新的常规

步骤 2

- 不要仅凭意志力坚持，而是要制订一个能够持续执行的"机制"
- 熟练使用"提醒""学习小组""照片/相册"等工具

步骤 3

- 不是按照时间，而是按照"任务量"来制订计划
- 任务量以"数字"为单位，不必考虑"目的"

步骤 4

- 尽量降低开始学习的难度
- 通过提前结束学习、将对答案的工作留到下次等方法，让第二天的学习更容易启动

第 3 部分

"不喜欢 × 擅长"的学习方法

	喜欢	不喜欢
擅长		✓
不擅长		

"嫌麻烦"也没关系!

通过高效利用时间的 4 个步骤,
在最短的时间内获得最大的效果

> **步骤 1　设定张弛有度的节奏**
> ——放松玩耍没有关系,但要把"漫无目的的时间"减少到零!

位于四象限右上角的"不喜欢 × 擅长"这一部分的情况有些复杂。如果被问会不会做,答案是肯定的。但如果被问到是否喜欢做,那么答案就完全是否定的了。

对于这样的学习内容,要考虑的就是"尽可能干净利落地完成它",即在开始学习之前需要思考的是如何通过提高时间效率,用更短的时间取得想要的成果。

我们这里推荐的方法是"设定张弛有度的节奏"。请看后文《龙樱》漫画中的内容。这是一个关于"容易考上东京大学的类型和容易落榜的类型"的故事。

在这里,我想要提醒大家注意的是"切换"这一点。正如漫画所呈现的,东京大学的学生在处理事情时往往都有着张弛有度的节奏感。

停止内耗的人生

《龙樱》第11卷第97回""所谓的"秘密"

立即就回家的孩子在性格上有什么优点呢？
那就是应变快，反应灵敏。
在学校生活中也同样适用。
补习班的老师们常常这样说：
一下课就回家的孩子能有效利用时间，学习也更高效。
换句话说，他们能很好地进行自我管理。
和朋友一起玩时能尽情地玩，也能花费时间在兴趣上，生活有条不紊。

停止内耗的人生

与之相反,喜欢拖拖拉拉的孩子表面上看起来可能很合群,很受欢迎。

实际上,他们却无法自主决策,总是依赖他人。

这种类型的人在生活上没有张弛有度的节奏,

即使是在学习,注意力也是分散的,缺乏长时间学习的动力。

虽然以自我为中心听起来有些贬义……

但拥有自己的意志并能据此做出决定、付诸行动,绝对不是一件坏事。

相反，那些感慨着自己一直很努力却没有结果的人，往往是因为他们没有掌握"利用时间的方法"。

例如，他们会浪费大量时间漫无目的地玩手机，或者花大量时间与朋友无所事事地闲聊。

分辨时间利用好坏的方法

如果你想知道自己是不是个可以张弛有度地利用时间的人，我建议你可以**尝试着写出自己是如何分配一周的时间的。**

即使是那些抱怨着"没有时间"的人，也应该会有一些"用途不明的时间"或者是"无法解释做了什么的时间"。

如果一周之内有这种"用途不明的时间"超过 15 个小时的话，应该要特别注意了。

如果你每天都有两个小时以上的"被浪费的时间"，那么你比别人更难取得成果也就不足为奇了。

即使是那些抱怨"没有成果""没有时间"的人，也可能在做着这种"浪费时间"的事情。请务必回顾一下自己是如何利用时间的。

消除"漫无目的的时间"

当然，养精蓄锐的时间也很重要。但是，==休息的时间和浪费的时间是有很大区别的。==

如果是有着养精蓄锐的目的，那么它就不是浪费。就像睡眠和饮食花掉的时间一样，对人类来说是必要的。

然而，"事后回想起来，自己也不知道这段时间在做什么"，或者"时间不知不觉就过去了"，这是一种没有目的的状态。因为连"养精蓄锐"这样的目的都没有，所以甚至都没有让自己得到休息。

正如第 1 部分所述，能够取得成果的人总是具有明确的目的意识。与此相同，善于利用时间的人也是能够清楚定义这段时间的"目的"的人。

因此，我向大家推荐：==每周都制订自己的时间计划，并检查自己是否按照这个时间计划行事。==

虽然这听起来与第 2 部分讲的"不要制订时间表"似乎有些矛盾，但其实不然。

在第 2 部分 "不喜欢 × 不擅长" 的学习中，**最大的障碍是如何 "开始"**。所以第一步不是制订时间表，而是要让学习成为一种习惯。

而本章介绍的 "不喜欢 × 擅长" 的学习，则需要尽可能地在短时间内完成。因此，我们需要通过事先制订时间表，来掌握更好地利用时间的方法。

当然，无法完全按计划执行是预料之中的。我认为能够完全按照时间表来行动是很罕见的。

但是，即使在这种情况下，如果能够明确地决定 "这段时间我要做这件事"，并且能够想到 "啊，我现在应该做这件事了"，那么你就把握住了利用时间的节奏。

通过定时器给时间加上 "节奏"

为此，推荐你按照第 2 部分中介绍过的那样 "设置一个开始学习的时间，并将其设定到提醒中"。比如 "从晚上 7 点开始学习"，将时间划分清楚，整理好自己的生活，这样能够帮助提高学习效率。

在学校里，课前是否会有铃声？很多学校都有提醒上课、下课、午休的铃声。

与此相同，==为了在确定的时间开始学习，也可以提前设置一个类似的闹钟，然后每天都按照这个时间行动。==

这样一来，你也能够实现在第 2 部分中提到的"养成习惯"。

比如说，如果你在晚上 7 点吃完晚饭后有自由活动时间，那么可以设定一个规则，即"晚饭后 8 点必须开始学习"，并在这个时间点设定一个闹钟。

到了晚上 8 点，闹钟响起时，就像听到铃声一样，强迫自己进入学习状态。==即使此时没有学习的动力，也至少要坐到书桌前。==

无论如何，请试着实践一下。起初可能会很艰难，但不可思议的是，只要坚持一个星期后，你就会逐渐适应。

相应地，你也可以通过在第一周提前向家人宣布"我要在晚上 8 点开始学习"等方式，尽量实践这一计划。

通过这种办法，你应该能够坚持一个星期，然后再接再厉，就可以成功地把它变成一个习惯了。

为了给时间增加张弛有度的节奏，请你一定要试试看！

步骤 1 的关键点
- 对"不喜欢 × 擅长"的学习,要想办法在不花费太多时间的情况下取得成果
- 为此,首先需要提高时间的利用效率

步骤 2	**用"逆向思维"来思考**
	——尽可能不做无用功,只专注于有效的努力

现在你已经知道如何掌控时间的节奏了,接下来我们想对"计划"做一下说明。

但在此之前,有一个问题想问大家。你们听说过"能够持续努力的人与无法持续努力的人可能是天生就决定了的"这样的说法吗?

由范德比尔特大学(Vanderbilt University)迈克尔·特雷德韦领导的研究团队在《神经科学杂志》(*Journal of Neuroscience*)上发表的研究论文中介绍了他们的发现。

这是一项从脑科学角度进行分析的实验,旨在分析"能够持续努力的人"和"无法持续努力的人"之间的差异。那么实验得出了什么结论呢?请看下面的漫画。

换句话说,**那些不能持续努力、很容易半途而废的人,可**

第 3 部分 "不喜欢 × 擅长"的学习方法

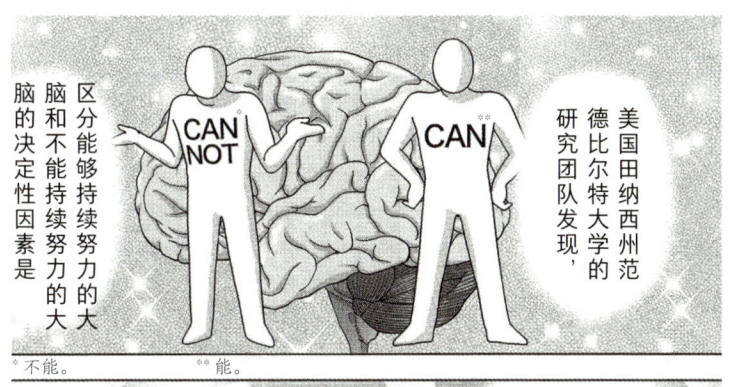

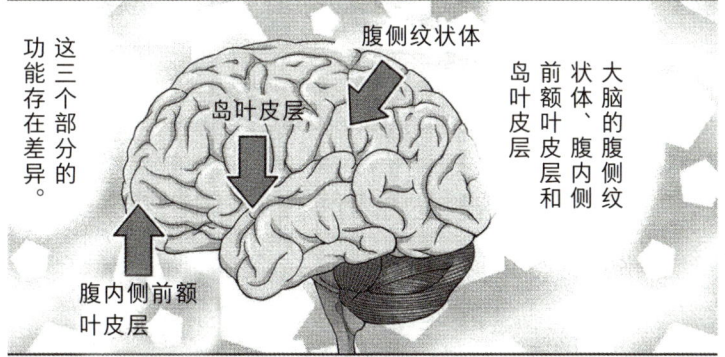

美国田纳西州范德比尔特大学的研究团队发现,区分能够持续努力的大脑和不能持续努力的大脑的决定性因素是

CAN NOT* / CAN**

* 不能。　** 能。

大脑的腹侧纹状体、腹内侧前额叶皮层和岛叶皮层

岛叶皮层
腹侧纹状体
腹内侧前额叶皮层

这三个部分的功能存在差异。

腹侧纹状体和腹内侧前额叶皮层是"奖励系统"的一部分,对感受愉悦至关重要。

《龙樱 2》第 7 卷第 48 回:"能够努力的大脑 VS 无法努力的大脑"

105

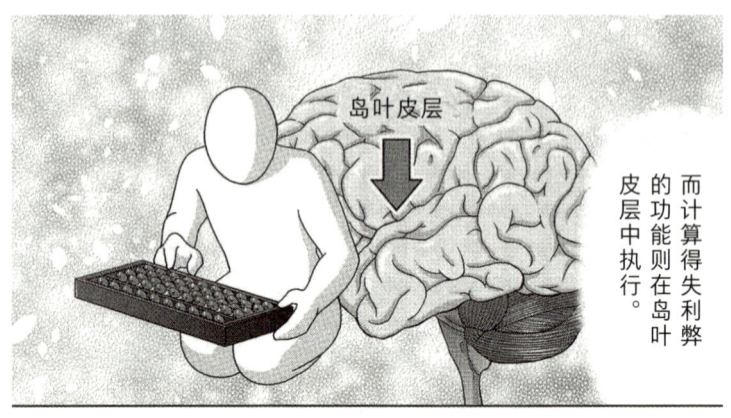

停止内耗的人生

而计算得失利弊的功能则在岛叶皮层中执行。

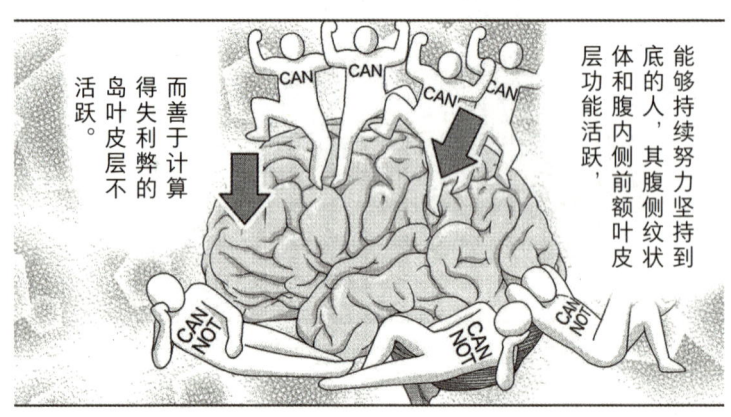

岛叶皮层

能够持续努力坚持到底的人,其腹侧纹状体和腹内侧前额叶皮层功能活跃,而善于计算得失利弊的岛叶皮层不活跃。

容易中途放弃的人则是岛叶皮层功能活跃,腹侧纹状体和腹内侧前额叶皮层不活跃。

第 3 部分 "不喜欢 × 擅长"的学习方法

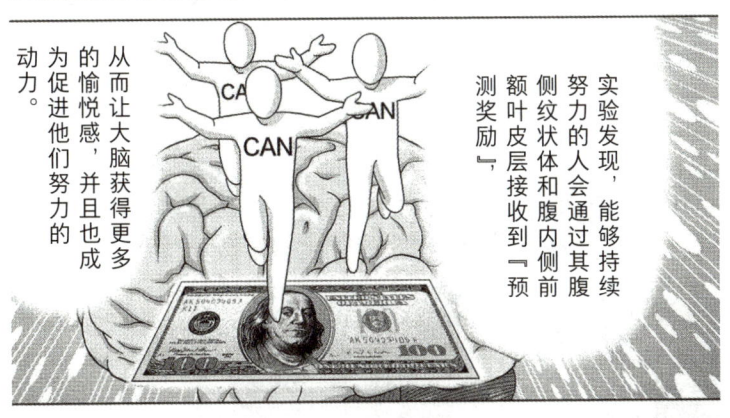

在按键实验中，实验对象被告知：「如果这样做，就会给你一美元。」

实验发现，能够持续努力的人会通过其腹侧纹状体和腹内侧前额叶皮层接收到「预测奖励」，从而让大脑获得更多的愉悦感，并且也成为促进他们努力的动力。

而无法持续努力的人，其「预测奖励」的功能不太活跃。

此外，计算得失利弊的岛叶皮层的功能也会提醒他们「做了这样的努力也没用」「不值得」，给他们踩了刹车。

107

停止内耗的人生

结论就是，「能够持续努力的人」其大脑感受做了某事后会获得回报和成就的功能较强，

同时，冷静计算得失的功能较迟钝。

而「无法持续努力的人」其大脑感受做了某事后会获得回报和成就的功能较弱，

却善于冷静计算得失。

以说是天生善于从得失角度来思考问题的人。

那么现在，正题来了，我们对 10 名以上东京大学的学生做了与这项研究相同的实验，想调查他们是不是拥有能够持续努力的大脑。

结果出乎意料。我们原本认为"持续努力型大脑"的人会更多一些，但实际上，二者几乎是均等的，甚至拥有"不能持续努力型大脑"的人还稍微多一点。

换句话说，学习好不好、能不能考上东京大学，和"持续努力型大脑"或"不能持续努力型大脑"之间并没有明显的关系。

"无法持续努力的人"被东京大学录取的理由

那么为什么"无法持续努力的人"也能考上东京大学呢？如果听听他们的努力方式，你就会明白其中的原因了。

得失心很强的人实际上也善于高效地完成任务。事实上，与"持续努力型大脑"的东京大学学生相比，他们的学习时间更

停止内耗的人生

我现在大概能理解了……

基本上,东京大学聚集了一群讨厌的家伙……

只会贪图利用别人辛苦的成果,真是小气吧啦的。人啊

站在学校的立场,从人格教育的角度来看,这是有问题的吧……

况且从一开始,我就对这种轻易肯定「嫌麻烦」的做法表示怀疑……

想通过教育来纠正人类的本性,是不是太自以为是了。

但是……

听着,人类全都是怕麻烦的,所以才会不断地进行创新和改进。

《龙樱》第12卷第108回"麻烦"

110

第 3 部分　"不喜欢 × 擅长"的学习方法

「能不能找个轻松些的方法呢?」人类史上所有划时代意义的发明和科学技术的进步都源自此种想法。

短，这正是由于他们往往会深入地思考如何在更短的时间内更高效地学习。

经常想"这样做没有意义"的人，换个角度来说，恰恰是具备"不做无用功，专注于努力实现目标"的人。

正如前面漫画《龙樱》中的一幕。

"好麻烦啊！"

产生这样的想法并不是坏事，事实上，正是因为觉得麻烦，我们才能更有效率地去努力。

另一方面，有些人虽然有愿意努力的大脑，却总是花费太多时间而无法取得成果。"嫌麻烦"并不是一件坏事。

而且，特别是学习那些"不喜欢 × 擅长"的内容，即对于那些不需要花费太多时间的领域，"嫌麻烦"绝不是一件坏事。

"嫌麻烦"的东大学生的思维方式

但是，那些很怕麻烦却能考入东京大学的人是如何做到的呢？那就是逆向思维。这种类型学生的最大特点就是，他们会

先看到目标，然后进行逆向思考。

比如，当他们想要通过某个资格考试或入学考试时，首先会看以往的真题。

即使解不出来，或者有很多地方不明白也没关系。

很多时候，他们会通过查看过去的试题，发现"噢，我必须要能解答这种题"，然后就会意识到自己在学习结束时需要解决哪些问题。

虽然这不会花费太多时间，但却是一个能够极大改变后续学习质量的重要行动。

也会让我们在日常学习中有这样的感觉："这个问题应该是为了解决历年真题中那种类型的题目而必须要掌握的。"这会让我们有"离目标更近了一步"的真实感，从而对于"做这种题有意义吗"这样的疑问也会少一些。

当然，反过来说，你也可以通过思考"这对我来说是没必要学习的部分"或"这个部分不需要过多投入时间学习"，排除不必要的学习内容。

因此，对于那些想要在短时间内取得成果的"不喜欢×擅长"的学习内容来说，推荐使用逆向思维来思考。从要达到的目的倒推需要学习的内容，能够帮助避免浪费精力。

人们经常会根据自己的心情决定做什么，比如说"今天先学习这个吧""明天再学这个怎么样"。但是这样的做法往往会导致很多无用功。

因此，需要从长远的角度来考虑目标，比如说"一年后我希望达到这个目标"。

然后根据这个目标，通过逆向思维来安排学习。比如说"为了达到一年后的目标，我要在本月内读完这本书""考虑到这个月要做的事情，今天必须要学完这个内容"，这将是更好的方法。

这样做可以避免无意义的努力或不必要的辛苦，并且在心理上也可以明确意识到"我正在努力朝着目标前进"。

步骤 2 的关键点
- "嫌麻烦"这种情绪有助于提高效率
- 通过从目的出发的"逆向思维"，可以彻底消除无效的学习

步骤 3　缩减思考时间
——如果有现成答案，就直接拿来使用吧

接下来我要讲的是"缩减思考时间"。在逆向思考时，最容易被削减的时间其实就是"思考时间"。

有一件名为《思想者》的艺术品，由奥古斯特·罗丹雕刻，一提到"坐在椅子上，撑着下巴思考的人"，你脑海中是不是就会浮现出这一形象呢？

这个"思想者"被认为是罗丹本人的形象，也有人说其灵感源自但丁《神曲》中的主人公但丁——有关这一点有很多不同的说法，到底哪个才是正确的，目前尚不得而知。

这里最重要的是，《思想者》这一雕塑所表达的"人类沉思的样子"将"思考"这一行为通过"坐在椅子上，撑着下巴，凝视某处，认真考虑事情"的形式表现出来，而且这种表现形式已经被全世界所认可。

"思考"是"试图理解未知事物而进行的努力"

那么，当你想到"思考"这个词时，会联想到什么样的行为呢？

虽然这个"想象行为"本身就是"思考"的一部分，但我们应该如何完成"思考"这个过程呢？

也许有人会觉得，"思考"有很多不同的方式。但是，如果要让我给"思考"下一个粗略的定义，我会说"思考"是"试图理解未知事物而进行的努力"。

因为有一个问题不明白，所以去思考；因为不了解女朋友的想法，所以去思考；今天的晚餐吃什么仍然需要思考。所有这些都可以说是试图解决"不知道该怎么做"或"不知道什么才是正确答案"而进行的尝试。

当你对某个问题没有答案时，思考本身可能就是解决问题的一种适当途径。

第 3 部分 "不喜欢 × 擅长"的学习方法

思考也可能是在浪费时间

然而，即使你在思考，但如果没有清晰意识到问题所在，那么所花费的时间也是白费。

这正是樱木老师在下面的漫画中要告诉我们的。

对于已经存在答案的问题，即使进行思考也并没有太好的效果。所以很有必要质疑自己正在思考的问题是否真的需要通

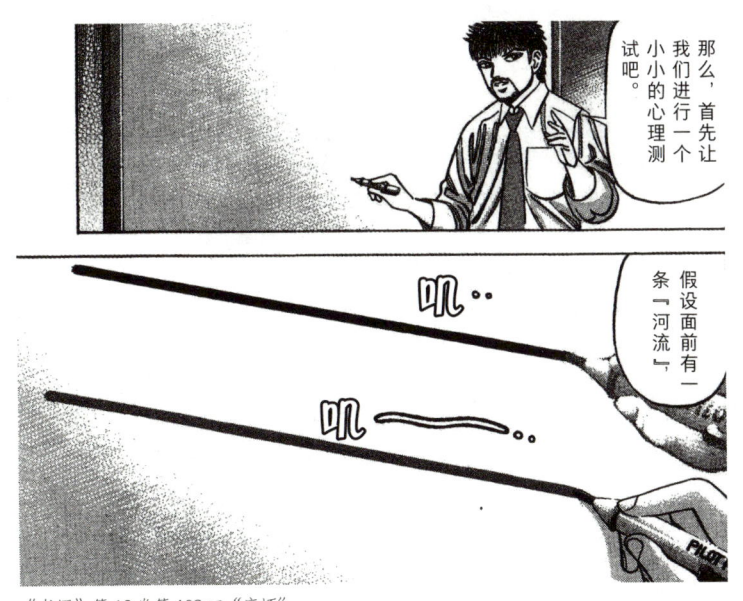

《龙樱》第 12 卷第 108 回"麻烦"

停止内耗的人生

第3部分 "不喜欢×擅长"的学习方法

停止内耗的人生

他们会觉得冒着湿透的风险下水渡河更麻烦。
觉得渡河更麻烦……
那他们就一直走直到找到民宅或桥吗？
这简直是浪费时间，太愚蠢了。
他们绝对不会这样想，
因为大脑正是为了让身体尽量少费力气，获得轻松而工作着的。
收集信息绝对是更麻烦的。
他们认为，轻易地涉水过河，结果会更麻烦。

刚才的故事包含了一个对东京大学类型和民办大学类型的人都适用的关键词，
那就是『麻烦』。
换句话说，无论是什么类型的人都讨厌麻烦，都想要尽可能轻松地生活。
然而，即使大家起点相同，之后的思维方式也完全不同。
一方认为绕远路去找桥或船是麻烦的，
另一方认为自己涉水过河更麻烦。
这两者的差别在于是否意识到信息的重要性。

刚才井野老师说要自己考虑指导方针……
啊，确实是。
我觉得去调查或收集资料太麻烦了，还不如根据自己的经验来考虑……
这是因为你觉得去搜集资料、参考各种指导方法太麻烦了吧？
这种时候，东京大学出来的人可不会这么想……
他们会觉得自己重新思考太麻烦了，
所以他们认为，获取别人已经想到的且有效的方法，会更轻松且更有效率。

过深思来获得答案。

比如说，如果有一道数学题，你花一个小时来思考它就能得到更好的答案吗？其实并不会。如果你思考了3分钟还完全没有思路，那么就可以去看看标准答案。如果想不到解决办法，那就可以去问问别人。

持"花费这些时间有什么意义"这样怀疑的观点是非常重要的。 其中用来思考的时间有很多是浪费的，所以建议大家在最初就将其削减掉。

> **步骤 3 的关键点**
> - 对于已经有答案的问题，思考反而是在浪费时间
> - 在思考之前先收集信息，寻找已知答案

步骤 4 重视输出
——增加经科学验证的"变聪明的瞬间"

最后,我们强调要重视输出。

就像本书前言中所提到的那样,我们是一群由"偏差值低,却像《龙樱》里的角色一样考入东京大学的学生"组成的群体。

"但那不是因为你们此前根本没有学习吗?"

"一旦开始学习,成绩就会提高,不是因为你们原本脑子就聪明吗?"

也许有些人会这样想,但实际情况并非如此。

我们中也有很多人平时每天至少有一个小时坐在书桌前学习,但成绩仍然没有提高,被许多无法解决的难题弄得磕磕绊绊。

为什么一直认真学习,成绩却没有提高呢?这是因为你==学习的大部分时间都被"看"这种行为占据了。==

仅靠"看"的学习效率太低

大多数情况下,成绩不好的人的学习方式就只是在"看"而已。

例如,大家是如何使用英语单词书的呢?

学习成绩不好的人往往会认为"看英语单词书会有助于提高成绩",并将这一方式重复使用。同样,仅仅阅读参考书,或者只是浏览教科书,这样的学习并不会有任何意义。

仅仅通过"看"来学习,并没有任何学习效果。

坦率地说,如果仅仅通过看书就能提高成绩,那么这个人或许是个天才。在电视剧《龙樱》中,细田佳央太扮演的原健太曾经背下了整本的英语词典,但这样的人是极为罕见的。

普通人要记住英语单词,就必须要试着自己写,自己用。也就是说,要进行"输出"。

大家听说过"输入与输出"吗?

学习大致可以分为两种方式。**一种是记住新的知识或新的解法,即为"输入",另一种是向他人进行讲解说明,或进行测**

第 3 部分　"不喜欢 × 擅长"的学习方法

试、应用，即为"输出"。

那么，许多人可能会认为学习主要是输入。他们认为，读书、听老师讲课就是在学习。

但实际上这是远远不够的。根据哥伦比亚大学的一项实验，人类学习的黄金比例是输入占 30%，输出占 70%。

这就意味着，那些花费超过读书、看材料或听别人授课等两倍以上时间进行"输出"的人，会获得更多的知识，并且更不容易将这些信息遗忘。

《龙樱 2》第 3 卷第 22 回"使用社交网络！"

必须要输出的理由

输出其实就是**对信息的使用**。

这是指使用所获得的信息解决问题,用自己的语言向其他人解释这一信息,或者利用这一信息思考新的问题。

我们常常认为没有输入就无法输出,也往往认为,无法在考试中取得高分是因为我们没有足够的知识储备,或者我们不懂得某些问题是因为缺乏理解能力。

然而,即使拥有知识,却没有能力将其"输出"和应用到实践中,这种情况也非常普遍。

就算记住了某个数学公式,但是我们仍然需要接受另一种训练,才能在遇到问题时知道使用它。同样,很多东西都是**在实际使用时才能真正理解**。

第 3 部分 "不喜欢 × 擅长"的学习方法

创造大量"变聪明的瞬间"

讲到此处,请问大家知道人类的大脑是在什么时候跟聪明画上等号的吗?

在教育学领域,已经通过大脑实验证明了人类的大脑会在哪个瞬间变得聪明。

当听到"大脑变聪明的瞬间"时,大家可能会联想到"上课时"或"阅读时"的场景,但实际上并非如此。

事实上,**进行输出的时候才是大脑变聪明的时候。**

例如,**解决问题时。**

当人们试图解决问题时,需要整理自己的知识,并思考如何使用这些已经输入的知识。

例如,**向别人做出解释时。**

当你要向别人解释一件事时,意味着必须要先理解其背景和本质。如果没有整理好此前的输入,就没办法进行解释。而正是因为要向别人解释,才有将输入的知识进行整理的必要。

例如,**提出问题时。**

需要在自己已输入的知识中寻找漏洞,并整理出尚需补充的信息。

因此,无论是解决问题,向别人做出解释,还是提出问题,都需要对已经输入的知识进行整理。也就是说,在输出的时候大脑才会变得更聪明,仅仅进行输入而不进行输出是没有意义的。

注重输出可以提高输入的质量

此外,重视输出的学习还有另一层意义,即**有输出意识的学习也有提高输入质量的效果。**

比如,如果你的家人对你说:"回家给我们讲讲你今天在课堂上学到了什么吧。"

在这种情况下,你会比平时更加认真地听课。因为你会想着"后面要能讲出我在课堂上所学到的内容"。

这就我们所说的,**以输出为前提而进行的输入能提高输入的质量。**

"之后我自己要解释！"

"之后要用到这些知识！"

当你带着这样的意识去倾听时，就能更好地倾听他人，并能够以自己可以应用的方式去获取信息。

像这样，如果始终注重输出，你的学习就会越来越有效。

在此推荐大家**不要仅仅通过输入知识的方式来学习，而是将输出也融入学习过程中。**

有些教科书不仅要求学生阅读，还要求他们书写和解决问题。还有一些英语单词书附带测试或隐藏单词的红纸。

建议购买这样的书籍进行学习。一开始，你可能无法回答这些问题，但没关系，请务必尝试付诸实践！

> **步骤 4 的关键点**
> - 人在输出的瞬间头脑会变得更聪明
> - 输入与输出的黄金比例是 3∶7

第 3 部分
"不喜欢 × 擅长"的学习方法

"嫌麻烦"也没关系！
通过高效利用时间的 4 个步骤，
在最短的时间内获得最大的效果

步骤 1

- 对"不喜欢 × 擅长"的学习，要想办法在不花费太多时间的情况下取得成果
- 为此，首先需要提高时间的利用效率

步骤 2

- "嫌麻烦"这种情绪有助于提高效率
- 通过从目的出发的"逆向思维"，可以彻底消除无效的学习

步骤 3

- 对于已经有答案的问题，思考反而是在浪费时间
- 在思考之前先收集信息，寻找已知答案

步骤 4

- 人在输出的瞬间头脑会变得更聪明
- 输入与输出的黄金比例是 3：7

第 4 部分

让大脑变得更聪明的习惯

	喜欢	不喜欢
擅长	✓	✓
不擅长	✓	✓

不坐在书桌前也可以!

通过提问"为什么",
实现"只要活着,就能变聪明"

> 步骤 1　**提出问题并寻找答案**
> ——把日常生活的一切都视为"教科书"

到目前为止,我们已经介绍了如何根据四象限中的划分来进行学习。

当然,仅靠迄今为止介绍的学习方法本身就非常有效。但是,如果能==再打下一个坚实的"基础"来支撑这些学习方法,那么效果将会成倍增加。==

因此,从现在开始,我将介绍支撑四象限的基础,也就是支撑前面所讲的一切学习方法的基础。

首先,在第 4 部分中,我想从"如何才能让大脑变得更聪明"这一角度谈谈学习方法。聪明的人是如何加速学习的呢?

聪明人的共同点

首先,我想与大家分享的是聪明人的共同点。他们其实都有一个特点，那就是不会**简单接受眼前的事物。**

他们在解读任何信息的时候都习惯思考，认为"这个信息或许有隐藏的一面"，或"也许有一些内幕"，养成了一种认真去解析眼前事物的习惯。

比如，《龙樱》第1卷中的这一场景（见下页）就给人留下了非常深刻的印象。

学习的意义有很多，但"为了不被欺骗而学习"这一理由，可谓言之沉重。

"为了不被欺骗，就不要对眼前的事物照单全收"，这一点非常重要。

"质疑"眼前的事物会让你变得更聪明

举例来说，我们经常会说："骗人的吧！"

"骗人的"，如果从字面意思来理解的话，它表达的意思是

第 4 部分 让大脑变得更聪明的习惯

《龙樱》第 1 卷第 4 回 "社会的规则"

停止内耗的人生

听好了！聪明的人才不会被欺骗，才会从中获利，成为赢家。

而愚蠢的人则会在不断吃亏的过程中沦为失败者。

如果不想被欺骗，不想沦为一个失败者，那么，

就来学习吧！

"这不是真实的"。从词典上查到的字面意思来看,这么理解是没错的。

但是,当我们进行下面这样的对话时:
"嘿!我通过了英语一级考试!"
"骗人的吧!太厉害了!恭喜!"

此时我们使用"骗人的"一词的潜在意思并不是"其实你说的不是真的",而是"真的吗"。

在这段对话中,我们是用"骗人的吧"来表达惊讶。

各位,这就是使用大脑的过程。

对于出现在眼前的事物,我们不能简单地照单全收。而是**要认真了解其背后的意图,以及该事物产生的背景、存在的前提、发展的脉络。**这就是所谓的"运用大脑"、"考虑"和"思考"的含义。

能够做到这一点,无论对学习,还是对面对这个世界和社会都同样重要。所以樱木老师才会说:"为了不被欺骗,努力学习吧!"

东京大学的学生对于眼前的事物绝不会轻易照单全收,而是会进行深入了解。因为东京大学的考试题目通常是关于如何理解眼前的事物。

很少有问题只是简单地考察课本知识。相反,更多的是藏在"理所当然"背后的题目,例如:"这是一个非常著名的公式,你肯定在书上看到过,但你知道它为什么成立吗?"或是:"这是在中学时学过的一个单词,我相信你已经见过它几百遍了,但你理解它真正的含义吗?"

重视日常生活中的"为什么"

如果你想要了解显而易见的日常事物的另一面,那么至关重要的就是要去思考"为什么"。

也就是说,要对事物进行质疑,常持怀疑精神,去思考"为什么"。拥有这种态度的人,头脑一定会变得更加聪明。相反,如果缺乏这种态度,头脑就无法变得更聪明。

在《龙樱》中,也有老师对不思考"为什么"的学生大声斥责的场景:"所以说,你就是个傻瓜!"

第 4 部分　让大脑变得更聪明的习惯

《龙樱》第 5 卷第 44 回 "户外课程"

停止内耗的人生

大家怎么看呢？这个场景令人印象非常深刻，也非常重要。

举个例子，从前我有一个学生经常把"制服"错写成"治服"，总是想不出哪个是正确的字。

那么，"制服"为什么要用"制"这个字呢？"制"是限制或制度的意思，也就是说，是因为学校或团体有限制和制度，必须穿这种服装，所以叫"制服"。理解这层含义就不会写成"治服"了。

简单地去记忆是没有意义的。**面对知识和信息，重要的是认真思考"为什么会是这样"。**通过思考"为什么"，而不是囫囵吞枣地接受给定的信息，大脑才会变得更加聪明。

不要只把眼前的事物茫然地看在眼里，再盲目地记住。
要去思考"为什么"，并努力理解更深层次的意义。
这才是头脑聪明的人在做的事。

换言之，我们可以将其称为**"好奇心"**或**"批判性思维能力"**。无论用什么词，聪明的人都不会逃避思考。这就是为什么他们能一直保持聪明。

任何事情都不能用"无所谓"的态度敷衍了事。

用日常生活中的"为什么"来解答试题

似乎是为了印证这一点，东京大学的入学考试题目虽然也以掌握一定程度的基础知识为前提，但几乎很少考察"是否记得住"。

相反，更多的是关于"为什么"。

- 为什么关闭的传统商业步行街越来越多？
- 为什么世界大战与其他战争相比，会造成更为惨重的破坏？
- 为什么长野县和茨城县的生菜产量更高？

这些都是东京大学入学考试的试题。那些觉得日常生活怎样都"无所谓"，仅靠坐在书桌前死记硬背的人是无法解答这些问题的。

因为他们都是面对日常生活、新闻和教科书中的内容时从来没有想过"为什么"的人，所以根本无法解答。

我们甚至可以说，东京大学入学考试是一场"没有好奇心就无法通过的考试"。

东京大学所寻求的正是那些**"拥有自主设问并探索出答案的能力"**的人。

要获得这种提出"为什么"的能力，所必需的就是**随时提出问题并寻找答案的态度。**

当我们思考"为什么"时，要养成使用手机搜索、询问别人或与他人交流以寻求答案的习惯。

- 天空为什么是蓝色的？
- 我们在日常生活中经常使用的这个英语单词是什么意思？
- 为什么快餐店要开多家分店呢？

对于在日常生活中遇到的此类问题，我们不能束之高阁。**而是要养成积极探索、调查和思考的习惯。**

首先，让我们从彻底搞懂这些问题入手。如果一个人能够彻底掌握这些基础的部分，那么他就能轻松地进入下一个步骤。

步骤 1 的关键点

- 不要轻信给定的信息,始终保持怀疑的态度
- 在日常生活中,通过自己提出问题并寻找答案,可以让头脑变得聪明起来

步骤 2	**关联记忆法**
	——用最强大的技巧大幅提升记忆力

步骤 1 中介绍的多提"为什么"可以让你的头脑变得越来越聪明。其中最明显的就是,你的记忆力会不断提高。

突然问一下,大家了解人类的记忆过程吗?

在后文中的漫画里有一个这样的场景,科学老师问大家能不能记住 15 个词语。

这段漫画想说的是,==当把事物像链条一样串联成"一体"时,我们往往能更好地记住它们。==

通过"整体→部分"的方式进行记忆

东京大学某堂课上讲过,据说人类在记忆别人的脸时,并不会单独记住"甲同学的脸""乙同学的脸"。

停止内耗的人生

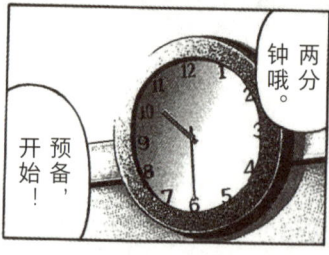

《龙樱》第7卷第63回 "东京大学医学系学生的笔记"

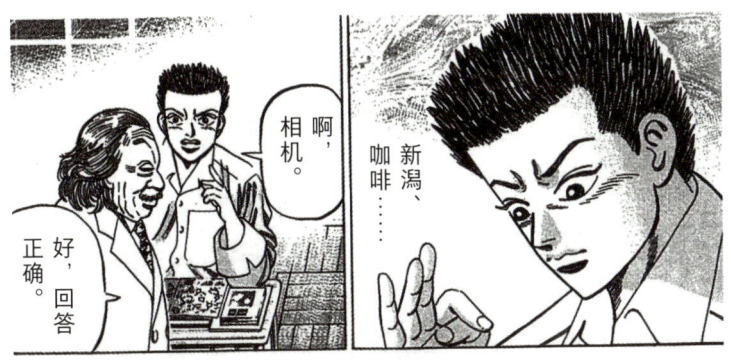

第 4 部分　让大脑变得更聪明的习惯

那个……是牙刷吗？可能不是……记不起来了……
把零散的词语按照顺序记忆确实是很困难的吧？
唉……对自己太失望了。
那么，如果按照这样的方式记忆呢？
新潟、咖啡、相机、手账本、电话、
出租车、温泉、便利店、
桥梁
红叶、猴子、山
小屋、
月
前往新潟旅行，在车站喝了一杯咖啡，用相机拍了纪念照，然后查看手账本，
打电话给当地的朋友，然后坐上出租车去温泉……
像这样编排成故事来记忆的话……

啊，原来如此，这样就很容易记住了。
就能不费吹灰之力记在脑子里。
没错，强行将文字塞进脑袋里确实很痛苦。
与其如此，不如与其他事物相关联，像链条一样串联起来记忆。
重要的是通过联想构建出图像和画面。
将这个方法应用到学习中，将知识串联起来，而不是孤立地记忆。
这样不仅比孤立记忆更有效，而且也更容易深入理解。

相反，我们大脑中有着一张"男性面孔"的形象，只记得与这个形象不符的个别特征。"甲同学戴着眼镜，所以长着这样的面孔""乙同学的眼睛比一般人大，所以他是这样的长相"，我们通过将"男性面孔"的形象与个体的特征结合起来进行记忆。

单独记住 100 到 200 个人的面孔是一项非常困难的任务，但如果记住一张"男性面孔"作为整体印象，再记住一些"个别特征"，那么即使信息量很少也能够顺利地处理应对。

记忆"整体印象"和"个别特征"的过程和漫画中所描绘的过程完全相同。

不要孤立地去记忆，而是通过联想来抓住一个完整链条或整体印象，然后再对照它来重点记住个别特征。通过这样一个非常合乎逻辑的记忆过程能实现高效记忆。

而将这个过程和个别特征联系起来的关键，就是提出"为什么"的思维。

例如，当我们要记住一个年号时，首先要问自己："为什么在这个时代会发生这样的事情呢？"并尝试了解时代背景和对这个时代的整体印象。

一旦有了这种印象，再去记忆一个具体年号时，就能够将它与"哦，这就是为什么这个时代发生了这样的事情"关联起来，从而更容易记住。

随着记忆的增加，所有的事情都会变得相互联系。我们会发现"正是这件事的发生，导致了下一个事件"。诸如此类，一切都变得息息相关。

记忆力好的人正是因为学会了==用一连串的"为什么"将事物串联起来==进行记忆的技巧，所以能够记住很多事情。

"关联记忆"是东京大学入学考试的必备技能

东京大学的学生非常擅长利用这项技能。或者反过来说，如果没有掌握这项技能，是无法进入东京大学的。

这是因为东京大学入学考试大多是以这种形式出题的。

比如，在世界史的试题中，经常会出现"概述这一时代的特征，然后进行详细阐述，并举例说明"这种类型的问题。正如前文所述，这类问题要求你通过联系这一时代的各种事件来得出"整体印象"，然后与细节事件，也就是"个别特征"结合起来进行作答。

提出这类问题的用意可能是出题者认为"如果能做到这一点，那么将来的学习也会比较顺利"。

换句话说，能解答这类问题就意味着你的头脑中已经有了该领域的"男性面孔"的形象，并且掌握了抓住"个人面部特征"的技能。

也就是说，这证明无论你今后看到多少"新的男性面孔"（新的领域），通常都能记住。

因此，学校应该是考虑到如果你能解答这个问题，那么意味着你将来在大学学习新的专业时，肯定也能够理解，所以才将这个问题作为考核的标准，并将得分高的人作为合格的考生予以录取。

为了应对这种情况，东京大学的学生在记忆时使用了很多方法。接下来我们将介绍其中两种。

"龙樱"式关联技巧

第一种技巧是**线性关联法。**

观察东京大学学生的笔记本和参考书，会发现他们经常会在有关联的两处之间画上线条或箭头，明确地标示各种事物之间的联系。

他们将"这个事件的发生导致了那个事件"或"此处和彼处之间有这种关联性"通过线条连接起来。比如后文漫画中介绍的一份笔记。

将记忆通过线条连接起来，并写下注释来理解其中的联系，这样就可以了解整体的情况了。

如果做好这个工作，即使一时忘记了某个单词，也可以通过与其他单词的联系来进行回忆，而当你学习一个新词时，也可以将其融入体系中来记忆。

例如，"term"这个英文单词有"期间""术语""关系"等多种含义。

但是，这个单词是不是在哪里听说过呢？是的，就是在"终点站（terminal）"这里。我想大家应该会在车站或是机场使用过"终点站"，那么"term"和"terminal"这两个词之间有什么关联呢？

终点站既不是单纯的起点也不是单纯的终点，而是一个限定"从这里到那里"范围的地方。用于限定公交或飞机路线的

停止内耗的人生

如此，关于美国独立革命的记忆树创作完成了，我们将以此水平作为标准，今后也要这样制作。

独立战争 1775~1783

- 总司令官 华盛顿
- 独立宣言 1776年7月4日
  - 托马斯·杰斐逊 起草
  - 富兰克林 说服法国
  - 法国参战和西班牙支持殖民地
- 约克镇战役（最后一战）
- 巴黎条约 1783
  - 将密西西比河以东割让给美国
- 大陆会议

美国独立革命

- 对英国的抗议
- 合众国宪法
  - 联邦主义
  - 中央政府权力强
  - 三权分立
  - 华盛顿 第一任总统
  - 对法国革命的影响
- 英国的殖民地政策
  - 清教徒先驱五月花号
  - 13个殖民地
    - 北部 工商业
    - 南部 黑人奴隶
  - 7年战争
    - 英国（胜利）
    - 法国 种植园
  - 重商主义政策
    - 1765 印花税法
      - 无代表就不纳税
    - 茶税法
      - 波士顿倾茶事件

《龙樱》第7卷第64回"记忆树"

范围时,"terminal"所指的既是出发点也是终点。

而实际上,term 这个词也有"限定范围"的意思。它可以与"限定时间＝期间"、"限定词义＝术语"或"限定关系＝关系"(如"朋友以上,恋人未满")联系起来。

因此,"term"和"terminal"这两个词可以通过"限定范围"这个概念联系起来。

另外,大家看过电影《终结者》吗?那部由阿诺德·施瓦辛格主演的电影。

看过也好,没看过也好,知道"终结者（Terminator）"这个词是什么意思的人可能并不多。但实际上,这个单词的意思也可以从"term＝限定范围"这一概念推测出来。

"终结者"的意思是"终结一切的人"。它指的是从"历史开始"到"现在"的整个范围内,给历史画上句号的人,因此称为"Terminator"。

而另一个英语单词"termination"的意思是"结束",它和"Terminator"都是从单词"term"派生而来。

通过这种思维方式,我们可以用一个单词"term"串联三四个不同的单词,并记住它们。希望上述方法会对你有所帮助。

"龙樱"式笔记技巧

另一个技巧是制作"主题摘要笔记"。这是一种将具有共通点或有关联的事项汇总在一起创建笔记的方法。即通过发现新的关联和主题，然后进行整理的笔记方式。

当我还是应试生的时候，会按照时代或地域归纳"世纪大事件"或"萨摩藩的历史"等主题，并整理成笔记。此外，我还会将英语语法、古文和日语汉字中的"反语表现"[1]整理在一起，不受具体科目或教学内容的限制，通过"相同主题"的整理，可以把很多事情记得更加牢固，更不容易忘记。

制作摘要笔记的方法非常简单。

① **准备活页纸**

因为最好在一页纸内完成，所以使用活页纸最合适。

② **在页面顶部写下要重新整理的主题**

例如，"17世纪的世界""以uni开头的英语单词"等，试

---

[1] 译者注：日语中的反语表现是一种修辞手法，使用与真实意思相反的表达方式来传达实际的意思，常带有讽刺、幽默或强调的效果。

着写下类似标题的内容。

③ 在写下每一项之前，先写下一个简洁的"摘要"

尝试写出诸如"17世纪是这样的时代"或"带有uni前缀的英文单词有这样的特点"等内容。这就是所谓的"流程"，或者说整体的框架和大致的印象。

④ 写下每个事项及这些事项之间的关联

例如，可以写下"uni表示'一个'，所以它有这样的意义"，既要将这些内容与摘要关联，又要强调它们作为独立个体时易于记忆的特点。

这样一来，就可以做出关联性和重点都十分突出的笔记。

在记忆过的过程中，请多思考"为什么"，以便牢牢记住这些内容！

步骤 2 的关键点

- 通过将信息的"整体印象"和"个别特征"进行关联来巩固记忆
- 通过"串联链条"和"主题摘要笔记"将关联可视化

> **步骤 3** 文章应该从"开头"和"结尾"开始阅读
> ——使用"龙樱"式最强技巧,正确、快速、大量地阅读

这种提问"为什么"的技巧也适用于阅读文章。

日常与东京大学的学生交谈之时,最让人感到惊讶的是他们的阅读能力。对于他们来说,每天阅读几本书或者厚厚的论文是司空见惯的事情,而若是在考试之前,在图书馆读几十本书的情景也是很常见的。

为了获取大量的知识并提升思维能力,阅读书籍和文章是非常重要的途径。在准备东京大学入学考试时,也是需要阅读大量参考书籍的,许多东大学生使用的参考书数量都轻松超过了 100 本。

迅速而准确地阅读书籍和文章可以说是东京大学的学生必不可少的能力。

《龙樱》第 5 卷第 43 回 "正确的阅读方式"

这也太简单了。
什么？什么？
她为他刮去胡须，
帮他梳理头发，
帮他搬来一把椅子，
准备美味的料理。
擦净嘴唇，
擦亮窗户，让外面
又帮忙刮胡子，又为他做饭……好像很幸福的样子呢。
真是个满分女友呢，为了男朋友尽心尽力……
嗯……但是结尾是感到了寂寞的意思呢。
是不是没有从男朋友那里获得同样的爱呢？
男朋友可能有别的喜欢的女孩吧，这可能是一首失恋的歌曲。
这是否就是你们两位的答案呢？
嗯……大致是这样的……

第 4 部分　让大脑变得更聪明的习惯

确实，为男朋友刮胡子，又为他梳理头发，都是尽心尽力的行为，但是，
为男朋友擦嘴，或者擦拭窗户以便让他看到外面……这个程度好像有些过了。
给他读书，
呼唤着他。
同样的场景每天上演。
她深深地叹息。
因为他不在，而感到孤寂。
啊……这个难道是
这位男朋友因为生病而身体有残缺了吗？
啊……
是啊，可能是这样……
不对……不对……还为他搬来了椅子，所以身体还是可以动的，但是确实有点不太正常……

第4部分 让大脑变得更聪明的习惯

停止内耗的人生

第 4 部分　让大脑变得更聪明的习惯

虽然我们平时会无意识地去『阅读』，但实际上执行起来却意外地困难。
浮于表面的阅读可能会犯下严重的错误。
即使不能直接写出来，也要能够捕捉字里行间的意思……即『阅读能力』是非常重要的。
如果没有掌握这个能力，学习就很难进步。
这就是芥山式国语锻炼法。
第一条……

第 4 部分　让大脑变得更聪明的习惯

但是……虽然说要正确阅读……
也做不到像宫村老师那样一行一行地仔细咀嚼……
不是……
那样阅读的话，无论有多少时间都不够。
在轻松流畅阅读的同时，你们还要做到
准确理解文章内容和作者意图，这才是正确的阅读方式。

正确、快速、大量阅读的能力可以后天习得

实际上，这并非与生俱来的能力，而是可以通过后天学习获得的。事实上，即使是东京大学的学生，也并非从一开始就具备这种能力，而是在备考的过程中逐渐习得的。

而且，习得这种后天的能力所需的技巧，还是基于"为什么"这个核心问题。

正如前面漫画中芥山老师向同学们介绍"正确阅读"的场景。

文章都具有"如果不知道主题，则无法正确理解"的特性。因此，要了解这个"主题"，就需要问"为什么"。

理解"主题"就能正确阅读

不仅是阅读文章或书籍，即使在日常的对话中也经常会遇到这种情况。

比如，当你的上司对你说"最近你看起来挺忙"时，你是不是会想他为什么会说这句话，并试图揣摩这句话背后的含意？

"这是不是在暗示我之前请假太多了呢?"

"还是说,我最近出错太多,他希望我更加仔细地完成每一项工作呢?"

你是不是会进行各种各样的推测呢?

重要的是要读懂对方的"意图"。

==如果你不明白对方想表达的核心意思是什么,无论你读多少遍文章,怎么认真听对方的话,你都无法真正理解其中的真实含义。==

相反,一旦你明白了这一点,阅读文章就会立刻变得轻松容易起来,甚至可以进行速读。

如果你知道"哦,原来上司是因为我最近错误太多而生气",那么即使他只是说"最近你看起来挺忙",你也能理解他的意图,而且可以大致猜到接下来他会说些什么。

==通过探寻文章的"意图"并加以理解,你就能够读懂整篇文章。==

"意图"通常出现在开头和结尾

"但是,怎么才能了解文章的意图呢?"也许有人会这么想。

其实很简单。**只要你理解了"意图通常出现的位置"和"需要重点阅读的地方"，就可以了。**

首先看看文章的开头和结尾。实际上，很多时候只通过阅读文章的开头和结尾，我们就可以大致了解对方想表达的意思。

例如，有一篇文章以"最近的年轻人缺少什么"开头，结尾是"所以，我认为最近的年轻人缺乏的是勇气"。

通过这样的开头和结尾，你可以很明显地知道作者为什么写这篇文章，以及他想表达什么。很明显，作者想表达的是"最近的年轻人缺乏勇气"。

如果你明白了这一点，那么就可以推测文章接下来可能会探讨"为什么说最近的年轻人缺乏勇气""为什么他们会变得缺乏勇气"，无论文章中写到了什么具体例子，都是为了支持这个观点。

理解了这一点再去读文章，与不了解这一点就去读文章，效果完全不同，简直是天壤之别。

至于为什么"意图"通常会出现在文章的开头和结尾，后文漫画中对此进行了说明。

在绪论、本论、结论这种文章结构中，通过阅读绪论和结

停止内耗的人生

《龙樱2》第6卷第46回"寻找关键词的方法"

论，就可以理解内容的走向。既然知道了文章的起点和终点，就可以大致揣摩出文章的路径。

同样，仔细阅读文章的标题、副标题和目录中的章节标题等也是有效的。如果标题是"年轻人缺少的东西是什么"，那么我们就可以预想到这篇文章将探讨年轻人的不足。如果我们能在阅读的时候专注于这个意图，那么文章的内容应该就会逐渐清晰起来。

阅读理解是一项非常重要的能力，不仅关乎阅读书籍，还关乎理解他人所说的话及其意图。因此，这不仅仅是一种学习的能力，也可以说是一种在社会生活中广泛可用的能力。

> **步骤 3 的关键点**
> - 如果理解了文章的"意图"，就可以正确、快速、大量地阅读
> - "意图"通常出现在文章的"开头"和"结尾"

步骤 4	**表达自己的观点**
	——3 个疑问让你的写作水平显著提高

最后要讲的是表达自己观点的写作能力。

阅读文章是一种输入知识的行为。

然而,如果不进行输出,知识就不会成为自己的东西。只有将知识在头脑中整理好,并作为自己的观点向他人表达时,才能将其内化为自己的知识。

因此,==要想变得更聪明,就需要做到"以自己的观点进行输出"==。

而且,就像前面章节所提到的,具备提问"为什么"的能力在这里也是必不可少的。

然而,与之前有所不同的一点是,==这次我们要提问的对象是"自己"==。

为了说明这是什么意思,我想先问大家一个问题。你们认为下面这句话可以称为"观点"吗?

"日本的少子老龄化可以说是一个重大的问题,必须妥善应对。"

大家是不是会觉得,"嗯,好像还少了点什么……"我觉得很多人可能都会有这种印象,认为称之为"观点"似乎还缺少些什么。

然而,实际上有很多人会把这种"不完整的意见"直接当作观点来表达。

那么,到底缺少了什么呢?后文漫画中对此进行了这样的解释。

==如果不具备客观性,就不能称之为观点。==这一点非常重要。

换句话说,==对于自己的意见,如果没有进行过"为什么这个观点是正确的"这样客观的质疑,那么这个意见就是没有意义的。==

真正的观点,需要自己先在心中想象可能被提出的疑问,也就是说,认真地向自己提出"为什么",在彻底厘清这些疑问后才能成立。

反言之,如果被质疑,那就说明你的观点在某些方面是有

停止内耗的人生

优先座位是没有必要的。

举例来说，当你坐在普通座位上，面前有老人或者孕妇时，如果存在优先座位，大多数人会怎么做呢？我觉得他们可能不会让座。他们会不会觉得应该让座的不是坐在普通座位上的自己，而是坐在优先座位上的人呢？那么，如果没有优先座位会怎样呢？大家会觉得，如果自己不让座，眼前的人就没有座位，因此会主动让座。不设置优先座位，每个人反而会更加有责任感。我认为，即使没有优先座位，我们也应该建立一个人人都能互相体谅、互相关怀的社会。

《龙樱》第5卷第46回"记住文型！"

第4部分 让大脑变得更聪明的习惯

停止内耗的人生

这篇文章……写得不够客观啊。

客观吗？

不够……

确实，一个没有优先座位，人人自然而然地互相让座的社会可能会更加美好。

但现实是，并非所有人都这么友善。必须根据这种情况写出我们应该采取什么样的对策……

第 4 部分　让大脑变得更聪明的习惯

这就是最大的失败所在，
如果不能清楚理解出题者的意图，就无法正确得出答案。
这个问题是以『请论述』来开头的。
就是想让考生在脑海中独自进行辩论，构建出一套有说服力的论述。
所谓论述就是关于主张和观点的辩论。也就是努力让对方认同自己逻辑的正确性。

第 4 部分 让大脑变得更聪明的习惯

停止内耗的人生

首先是陈述自己的观点,

然后提出一个反论,并阐述它。

第 4 部分　让大脑变得更聪明的习惯

接着否定这个反论，以证明自己观点的合理性。

提出相反的论点有助于提高客观性。

为了不过于抽象或空泛，通过讲述自己的经验将观点具象化也是很重要的。

欠缺的，因此不能被他人接受为是一种"观点"，也就是说，你没有将自己的意图准确传达给他人。

形成观点时所需的 3 个疑问

为了形成观点，究竟需要哪些"为什么"呢？

如果提前揭示答案的话，那么需要回答以下 3 个问题。

①【客观性】为什么说你的观点是正确的？

在刚才的漫画中也提到过客观性。这点指的是支持观点的论据，即事实和数据。

②【具体性】你认为问题出在哪里？

明确指出自己认为问题是什么，哪里是需要解决的问题点。

③【解决方案】假设这个观点是正确的，那么究竟应该怎么做？

假如这个观点是正确的，那么解决方案在哪里？最终应该做什么？必须要明确这个结论。

对于这 3 个方面的问题都有明确回答的，则可以称为"观点"。反之，如果没有被认同为一种观点，那么可能是因为这些要素有缺失。

举例来说，前面提到的"日本的少子老龄化是个问题"，如果像下面这样论述的话，就可以称为"观点"：

> 日本的老龄化比许多其他国家都高，这给国家的财政造成了压力。老龄化率上升的原因在于现有的社会环境不利于生育和抚养孩子，许多人因此对待生育持犹豫态度。所以我认为，为了日本的未来，需要采取更多措施，让生孩子和养育孩子变得更容易。

原本的"日本的少子老龄化是个问题"只是陈述了一个"问题"而已，即使有人说"这就是问题所在"，也会被追问"呃，为什么呢？""这么认为的依据是什么呢？""那么我们该怎么做呢？"等一系列问题。

正如漫画中所述，这并不是一种"观点"。

因为缺乏客观性事实（第①点），所以会被质疑："真的如此吗？"

因为没有明确为什么说这是个问题,以及哪里是需要解决的问题点(第②点),所以会被追问:"为什么你会这么想?"

此外,因为没有阐述究竟应该怎么做(第③点),所以会被质问:"那么,最后结论是什么?你建议应该怎么做呢?"

相反,如果我们仔细观察刚才的"观点",就可以发现:

①日本的老龄化率比许多其他国家都高,这给日本的财政造成了压力。(客观性)

②老龄化率上升的原因在于,现有的社会环境不利于生育和抚养孩子,许多人因此对待生育持犹豫态度。(具体性)

③所以我认为,为了日本的未来,需要采取更多的措施,让生孩子和养育孩子变得更容易。(解决方案)

由上可见,在这段论述中观点所需的3个要素都具备了,因此将其作为一个观点是成立的。

结合问题进行深入挖掘

总结来说,阐述自己的观点的时候,必须要有"客观事实"和"相关的具体问题及自己的解释",以及"针对问题的解决方案"。

写文章也是如此。写文章的时候也要一边设想对方可能提出的疑问一边构建自己的论述,这样才能让文章成立。

"我认为,日本的教育存在问题。"

要将这句话转化为一个"观点",可以通过提出以下问题来实现:

②【具体性】你认为问题出在哪里?

"现在的孩子自我肯定感低,做事的积极性也下降了。"

①【客观性】为什么说你的观点是正确的?是否有数据或论据支持?

"事实上,根据OECD(经济合作与发展组织)的数据,日本孩子的自我肯定感在全球排名第54位,相当靠后。"

③【解决方案】假设这个观点是正确的,那么究竟应该怎么做?

"因此,为了提升日本孩子的自我肯定感,我们应该改变会降低他们自我肯定感的现有评价体系。"

通过这种连续提问的方式,文章可以逐渐完善起来。通过对每句话提出3个疑问,就可以构建出能够将自己的观点传达给对方的文章。

因此,以"为什么"为起点,不论是学习的方法,还是努力的效率,各种事情的结果都将被彻底改变。请大家一定要努力尝试看看!

步骤4的关键点
- 通过输出"自己的观点",可以巩固知识
- 形成观点,需要从"客观性"、"具体性"和"解决方案"3个方面提出疑问

第 4 部分
让大脑变得更聪明的习惯

不坐在书桌前也可以！
——通过提问"为什么"，
实现"只要活着，就能变聪明"的 4 个步骤

步骤 1

- 不要轻信给定的信息，始终保持怀疑的态度
- 在日常生活中，通过自己提出问题并寻找答案，可以让头脑变得聪明起来

步骤 2

- 通过将信息的"整体印象"和"个别特征"进行关联来巩固记忆
- 通过"串联链条"和"主题摘要笔记"将关联可视化

步骤 3

- 如果理解了文章的"意图"，就可以正确、快速、大量地阅读
- "意图"通常出现在文章的"开头"和"结尾"

步骤 4

- 通过输出"自己的观点"，可以巩固知识
- 形成观点，需要从"客观性"、"具体性"和"解决方案"3 个方面提出疑问

第 5 部分

持续努力的习惯

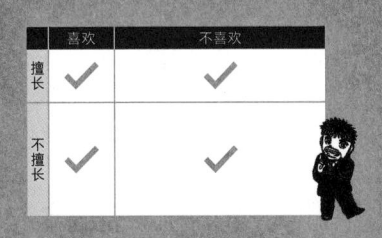

	喜欢	不喜欢
擅长	✓	✓
不擅长	✓	✓

没有所谓"强大的内心"也没关系!

通过调整心态,

实现持续、高效努力

步骤 1	改变你"使用的语言"
	——为发挥真正的实力奠定基础

在最后一部分,我们将讨论支撑所有学习的第二个"基础",即持续高效努力所需要的"心态调整"。

只需做出一些小小的改变或是稍微调整思维方式,人们就可以更高效地持续努力下去。下面我们将通过 3 个步骤来介绍这种方法。

首先重要的是"从改变发言开始"。

容易陷入的心理障碍陷阱

那些以最小努力取得最大成果的人,从不会为失败找借口。

大家是否遇到过在考试前说"昨天几乎没怎么学习"或者"昨天没睡好,身体状况不好,所以这次考试发挥不好"的人呢?顺便说一下,我以前也是这种人。

停止内耗的人生

这就是所谓的"心理障碍"或"自我设限"。这样做的人，实际上成绩不太可能提高，甚至可能无法通过考试。

对此，《龙樱2》中樱木老师有一段解释，首先请大家看后文中的漫画。

你怎么看？正如漫画中谈到的，**如果设定了"我是个笨蛋"的心理防线，那么就真的会变成一个笨蛋。**

人们往往容易说一些"我肯定做不到"之类消极的话。

在参加东京大学的入学考试之前，我也是一直对自己说"完蛋了"。这让我产生了一种错觉，以为这样做会显得比较谦虚，似乎能够客观地看待自己。

然而，实际上那只是在保护自己的内心，是在"为失败找借口"，而且说得越多，离成功就越远。

我并不是说找借口不好，但是如果一直为失败找理由，把自己置于"在这里失败也没关系"的状态，那么成功的机会就会越来越少。

当你说"我是个笨蛋"时，可能真的不再学习了；说自己

第 5 部分　持续努力的习惯

《龙樱 2》第 11 卷第 84 回 "心理障碍"

停止内耗的人生

心理障碍是指通过认定的信念在心中筑起一道墙壁。

『我是一个失败者』
『我做不到』。

这是在心中筑起壁垒来保护自己,为失败准备好借口的行为。

早濑之所以轻易说出『放弃东京大学入学考试』,是为了提前为自己落榜打预防针。

第 5 部分　持续努力的习惯

所以你经常会把「不行」或者「放弃」挂在嘴边。

早濑……现在不改正的话，就会养成习惯的。

养成了习惯就会终身难改。

一直说自己是失败者，就真的会成为失败者。

一直说自己做不到，就真的会做不到。

停止内耗的人生

如果一直说自己是笨蛋,就真的会变成笨蛋。

"身体不舒服",你可能真的会感觉有点不舒服。

因此,心理障碍有百害而无一利。

统计消极言论

那么应该怎么做呢?其实非常简单。**只要尽量不说消极的话就可以了。**

例如东京大学的某个学生据说在复读的时候经常会说一些消极的话,像是"已经没戏了,对于我这样的人来说考上东京大学根本不可能,我肯定还是会落榜的"等。

其实这样的话并不是他有意说出来的,而是自然而然流露出来的。

在那个时候,这位东大学生的母亲说了这样的话:

"你每说出一句消极的话,我就少给你100日元零花钱哦。"

引入这一机制是为了统计说消极的话的次数。之后自然而然地会开始对自己的言论进行反思。

于是他开始反省："我居然说了这么多消极的话。"之后逐渐减少了消极言论。

像这样，让自己的言论变得可视化，并进行反思，意识到不能让自己产生心理障碍。

这样一来，你就能不再为自己找借口，就能直面真实的自己，坚决不逃避，勇敢迎接挑战。只有这样做，你才能真正地发挥出自己本来的实力。

要知道自己是否有心理障碍，有时得需要别人指出来。如果你认为自己可能有这种倾向，最好提前和家人或朋友沟通："如果我有心理障碍，请一定告诉我。"

积极的语言所具有的力量

此外，建议将自己喜欢的语言或积极的话语写在纸上，贴在房间里，或者设置在手机的主屏幕上。

日本有一种叫作"言灵"的信仰，认为言语本身具有某种力量，可以通过说出来或写下来对现实产生影响。

首先，让我们试着找出自己喜欢的话语。任何内容都可以。可以回想一下曾经看过的电影、喜欢的人物的话，或是漫画中的情节。即使是一句简短的话语也可以。

这次，我们询问了很多东京大学的学生，得到了各种各样的答案。

例如，有一位学生提到了电影《搏击俱乐部》中布拉德·皮特所饰演的泰勒·德登的台词："你必须牢记并无所畏惧地面对自己终将一死的事实！只有放弃一切，才能获得真正的自由。"这句话激励着他勇敢地去行动。

另外，还有一位喜欢漫画的学生表示，他被某部漫画中主人公的一句话深深地打动："站起来，向前走。"

学生们还提到了下面这些感动他们的话语。

"即使没有自信也要试着去相信，如果感到迷茫就试着去做，如果不安就尝试投入其中，如果害怕就试着去奔跑。"（电视剧《顶级播音员》）

"人生就是活在今天。"（戴尔·卡耐基）

如果你实在想不出来，不妨查查格言。

格言是"从古至今都通行的根本法则"。这些格言长期被人们所信奉和传承,它们蕴含着非常重要的智慧,因此这些话语能够带给我们勇气。

> **步骤 1 的关键点**
> - 为了能持续、高效地努力,请改变你"使用的语言"
> - 限制消极言论,增加接触积极话语的机会

步骤 2 扮演
——持续扮演强者，终将真正强大起来

除了言语，推荐的另一个方法是**"改变自己的行动"**。

很多人认为，"情绪"会导致"行动"。比如，因为悲伤而流泪，因为愤怒而打人等。

然而，也存在着反方向的作用。这在心理学领域已经成为常识：人们并不是因为感到"快乐"而"笑容满面"，而是因为"笑容满面"而感觉"快乐"。

例如，有一项实验比较了用透明胶带把嘴角拉起来的情况下观看喜剧和用透明胶带固定嘴角不上扬的情况下观看喜剧，研究这两种情况下大脑电波的差异。

结果显示，即使是观看相同的喜剧，在嘴角被拉起来摆出笑脸的情况下，检测到了更多负责欢笑的脑电波。这表明，当人们的脸上呈现笑容时，就会产生笑的情绪。

因此，==要控制情绪并调整心态，"改变行动"是一种有效的方法。==

用"假装强者"来欺骗自己

那么，应该采取什么样的行动呢？

无论是参加大学入学考试、资格考试还是演讲活动，随着正式考试或演讲的临近，人们往往都会感到紧张。即使是平时不太容易紧张的人，在正式上场那天也会被气氛所感染，甚至有些人会因为紧张而无法充分发挥自己的实力。

作为我们团队领导者的西冈一诚先生在第三次参加东京大学入学考试时也非常紧张。据说他因为过度紧张，甚至在考试前去厕所呕吐了。

我认为，人们在紧张时无法发挥出真正的实力是很常见的情况。

那么，在这种情况下，那些成绩出色的人是如何缓解紧张的呢？

让我们来看看《龙樱》中樱木老师讲述这一话题的场景。

第 5 部分　持续努力的习惯

他们并不会预设失败或是犯错，反而会把这些统统抛诸脑后。

他们不会用「我能行」这类的话自我激励，

他们认为讲这种话给自己听，反而正是想要拼命消除不安的证明。

在第一天的考试结束后，你们恐怕会陷入不同于考场上的焦虑之中，

虽然知道发挥出六成实力已经足够了，但这种焦虑依然存在，心情也不会放松。

在这种时候，想要恢复平常心，不如利用「强者的心态」……

简单来说，就是扮演出「真正的强者」的样子。

扮演？

《龙樱》第 20 卷第 178 回"真正的强者"

停止内耗的人生

试着想象胜利的瞬间和上榜的时候。

真正的强者能够具体地想象出成功时的喜悦，所以他们内心余裕，能够从容不迫地面对挑战。

对，比如在投篮的时候，

是要模仿那种态度吗？

第 5 部分　持续努力的习惯

停止内耗的人生

那就是豁得出去。

豁出去吗?

在关键时刻总是犹豫的人是不会赢也不会成功的。

在关乎胜负的重要场合,问问自己能否破釜沉舟……

强者可以凭借自己的信念做到,但普通人要想做到,只有下定决心,放手一搏。

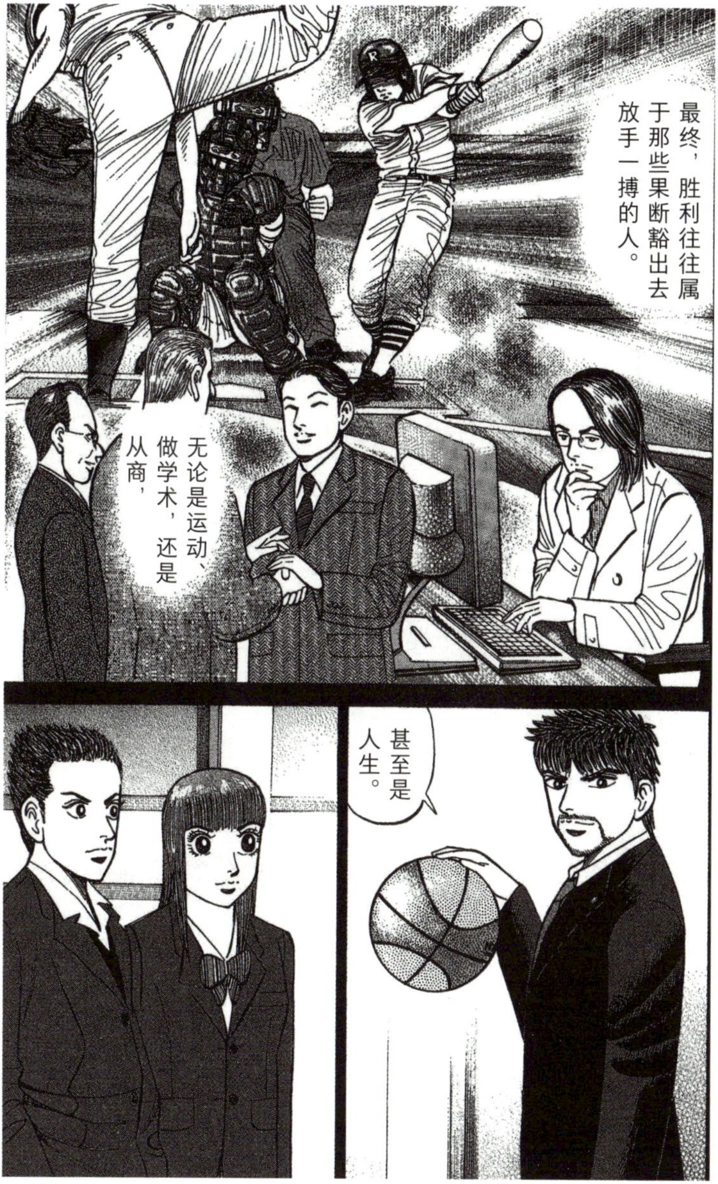
最终，胜利往往属于那些果断豁出去放手一搏的人。
无论是运动、做学术，还是从商，
甚至是人生。

综上所述，这就是所谓的"真正强者的心理"。

大多数人并非强者。他们会因为不够强大而紧张，因为害怕失败而不能发挥出真正的实力。

在这种情况下，重要的是"**假装自己是强者**"。换句话说，就是**"自我催眠"**。即使不够强大，也要作出很强大的样子。而想要扮演出强者的姿态，就要表现出一切都很淡定的样子。

人会变成"自己扮演的样子"

"唉，就算是扮演出强者的姿态，也不会真的有什么意义吧？"

你可能会这样想，但实际上"扮演"并非无用。正如之前提出过的"行动会影响情绪"，**行为确实会对人的心理产生影响。**

举个例子来讲，大家知道斯坦福监狱实验吗？

这是一个心理学实验。

招募实验参与者并将他们分为两组：一组是看守人员组，

另一组是服刑人员组。同时创建了一个模拟监狱。

之后让这两组人开始共同生活，分别扮演看守者和服刑者的角色。看守组一方穿上看守人员的制服，服刑组一方则穿上服刑人员的制服。甚至还模拟了服刑人员实际被逮捕的过程，让他们坐上警车，被送进"监狱"。

在这种设定下，两组人将共同生活两周。看守人员组负责发布命令，服刑人员组则必须服从这些命令。

当然，这只是一场实验。这两组人之间其实并没有真正的上下级关系。事实上，实验开始的第一天，双方都显得非常困惑。

然而，随着实验的进行，看守组的人越来越"主动"。他们开始对服刑组发布不合理的命令，表现出傲慢的态度，有时甚至还会使用暴力。最终，这个计划为期两周的实验在进行了 6 天后就被迫终止了。

有人指控这个实验存在造假的嫌疑，真相如何尚不得而知。但是，这个实验的结论被全世界所信奉。从中我们可以了解到的是，==人确实会变成自己所扮演的样子。==

"扮演"是促进成长的自我突破

其实，人类总是通过"自我突破"和"角色扮演"来提升自己。

以成人为例。即使在心理上仍然是个孩子，但通过假装成大人或是表现得像大人那样，不知不觉就会真正成为大人。

在恋爱中也是如此，尽管开始时可能无法成为对方心中理想的恋人，但如果你努力扮演并表现出对方理想中恋人的样子，不知不觉中就可能真的成为对方理想中的那个人。

总之，即使自己认为做不到，但只要==勇敢地去尝试并扮演那个角色，事情也许会意想不到地好转。==

所以大家不妨试试表现出"优秀学生的姿态"或"能干的人的样子"。

表现得好像面对一切都很淡定的样子，并坚持这样的扮演，事情一定会朝着好的方向发展。

当然，你也可以"假装"。

如果出现意外情况或是犯了错误，也不要露出慌张的神色，而是装作冷静的样子来试着处理问题。

即使在考试中遇到很难的问题,也要面不改色,如果可能的话,还要保持着微笑说:"真是出了个有挑战性的题目呢。"

就是这样,**只要能扮演出理想的自己就可以了。正因为我们不够强大,所以才需要试着扮演强大的角色。**

一个推荐的方法是,**预先设定好遇到意外情况时的应对策略。**

比如,在遇到困境时,挑高嘴角笑一下,或者把手放在胸口深呼吸。

在困难的局面下,通过提前设定一些小技巧,你就能更好地应对。请务必尝试实践一下!

> **步骤 2 的关键点**
> - 行动可以改变人的心态
> - 持续"扮演强者",自然而然就会变得强大

步骤 3 不将失败视为失败
——从失败中汲取"成长的养分"

最后一点是"不将失败视为失败"。

突然问一下,大家有没有在考试中拿到过满分呢?

我们常常因为错了一题而遗憾地错失满分,所以几乎拿不到满分。

但大家如果拿到了满分,通常会很高兴吧。"太棒了!考了100分!""满分!真开心!"然后会兴高采烈地回家,想着"希望下次也能考个好成绩"。

然而,让人意外的是,东京大学的学生却相反。

当他们得了满分时,并不是说不开心,但往往同时会感到沮丧或者心情复杂。

第 5 部分　持续努力的习惯

为什么他们考了满分也不会感到高兴呢？

首先，请看下文漫画中樱木老师在模拟考试后对学生们进行讲解的场景。

如果在参加模拟考试后感到沮丧，这反而是好学生的标志。相反，如果只是感到"太棒了"，那就没有什么意义。

事实确实如此。我们在教学的时候发现，==那些在参加模拟考试后感到沮丧，或者对自己不会做的地方提出疑问的学生，后面成绩会有所提升。==

《龙樱》第 8 卷第 70 回"模拟考试当天"

停止内耗的人生

第 5 部分 持续努力的习惯

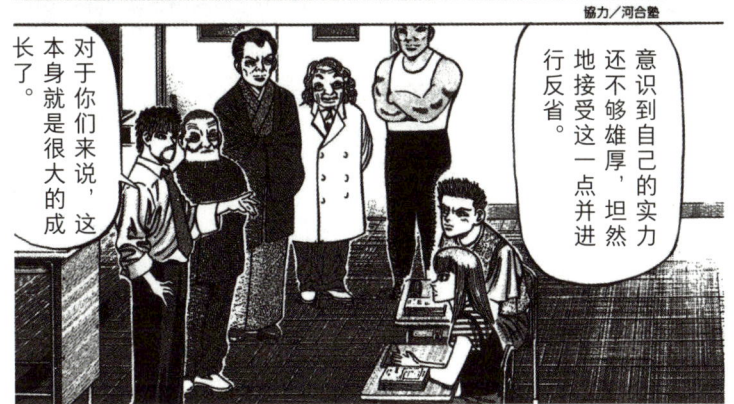

至今你们在学校参加的考试，比如做一百道数学计算题等，都是为了测试掌握程度，目的是得高分。

然而这次的模拟考试不同，考试范围不明确，无法提前做准备。

所以能测出你们真正的实力。

你们在这次考试中受挫，

協力／河合塾

意识到自己的实力还不够雄厚，坦然地接受这一点并进行反省。

对于你们来说，这本身就是很大的成长了。

《龙樱》第 8 卷第 71 回 "E 级"

你们回想一下开始认真学习之前的自己是什么样子。
当时的你们在考试结束后，根本就不在意自己考得好不好吧？
啊！
确实如此……

第 5 部分　持续努力的习惯

那么，另一方面，如果拿到满分会有什么反应呢？他们会感慨："啊，参加这次考试真是没有意义啊。"认为浪费了时间。

模拟考试和测验是用来发现自己不足之处的手段。如果考到满分，意味着没有发现任何弱点，这样的话，参加考试所花的时间就变得毫无意义。

对于那些他们拿到了满分的考试，东京大学的学生反而会觉得"下次不想参加了"，倾向于避免再参加此类考试。

如果说得极端一点，东京大学的学生在考试中得到 0 分可能比得到 100 分更高兴。因为得 0 分意味着还有 100 分的提升空间，说明发现了自己的薄弱点，这对于他们来说完全是一件好事。

专注于胜负

东京大学的学生不光在模拟考试中不甘示弱，对于各种事情都是不愿服输的，有着强烈的进取心。"不服输"可以说是东京大学学生最大的特点。

"精神上没有进取心的人是傻瓜。" 这句话由毕业于东京大学的前身帝国大学的夏目漱石在其著作《心》中所写,正如这句话所说,东京大学的学生最厉害的地方就在于"不服输"。

在校内考试中关注分数、谈论入学考试时的成绩等学习方面,他们当然会是"不服输"的。

不仅如此,对于校内的运动会、社团活动、文化节等活动,他们也能认真对待。

你可能会想,"他们头脑这么好,对学习以外的事情应该不会那么热衷吧?"但是无论是体育比赛还是其他活动,他们在输掉时同样会感到非常沮丧。

有这样的一个说法。像开成高中、麻布高中这种每年有很多学生考上东京大学的超级重点高中,他们的运动会都很盛大,即使面临高考的高三学生也会认真对待、全力以赴,真正地为比赛兴奋欢呼或流泪哭泣。

这些学校的老师们认为,**认真对待输赢的高三学生往往更容易考上东京大学等名牌大学。**

其实这些男孩女孩并不是喜欢赢,**他们只是在认真地挑战**

自己，因为胜利能促进个人成长。

因此，就像之前提到的满分 100 分的考试一样，即使他们在体育比赛中取得压倒性的胜利也不会感到快乐。他们喜欢的是那种胜负难分的激烈竞争本身。

"不放弃比赛。"

"如果能赢就一定要赢。"

并且，如果输了就好好地感受遗憾，即使失败也不放弃，直面失败。这样的人才能取得成功。

失败正是成长的养分

让我们换一个角度来谈谈这个问题。

我们团队一直在帮助那些偏差值较低的学生备考，在此过程中见证了他们的成长。其中有些学生最终考上了理想的学校，而有些学生尽管努力仍遗憾落榜。

然而，他们都无一例外地在成长。短短一年多的时间里，他们的面貌发生了显著变化，变得更加成熟了。

看着这些男孩女孩，稍微跟他们聊几句，很多人都会感叹："现在的某某同学和半年前真是完全不同了。"这就是我们说的考试能够促进人的成长。

而且，==与考上的学生相比，落榜的学生可能在人生层面上获得了更大的成长。==

考上的学生可能只会觉得整个备考的过程是"顺利的"。他们可能会认为"最终取得了好的结果，证明自己所有的选择和努力都是正确的"。

然而，落榜的学生则会反思整个考试过程，思考哪里出了问题，当时应该怎么做。他们会后悔，会反思应该如何改进，会比考上的学生有更深入的思考。

正因为如此，若论对考试回顾和反思的质量，落榜的学生往往比考上的学生高很多。也许可以说，==通过考试在人生的成长层面受益更多的往往是那些落榜的学生，而不是考上的学生。==

若将入学考试看作是一场游戏，那么考上意味着"游戏通关＝游戏成功"，而落榜则意味着"游戏结束＝游戏失败"。

但同时,"游戏结束"也是一种"游戏完成"。只要你努力坚持到最后,就表示你在这场游戏中全力战斗直至最后。因此,你的成长也得以坚持到最后一刻。从这个角度来看,这绝不是"失败"。

我的意思是,希望大家**不要将失败只视为"失败"**。任何经历都会成为你未来的食粮,是你成长的养分。

步骤 3 的关键点
- 通过专注于胜负而成长
- 失败和挫折中蕴藏着成长的养分

第 5 部分
持续努力的习惯

**没有所谓"强大的内心"也没关系！
实现持续、高效努力的 3 个步骤**

步骤 1

- 为了能持续、高效地努力，请改变你"使用的语言"
- 限制消极言论，增加接触积极话语的机会

步骤 2

- 行动可以改变人的心态
- 持续"扮演强者"，自然而然就会变得强大

步骤 3

- 通过专注于胜负而成长
- 失败和挫折中蕴藏着成长的养分

结束语

"努力就会有回报"真正的含义

感谢大家阅读到这里。

你觉得如何呢？如果大家能够理解"学习之前做准备"的重要性，并且将其融入自己的行动中，那么我们团队全体成员将会深感欣慰。

最后，还想再和大家聊聊一件事。

那就是对于**"努力就会有回报"**这句话的看法。

"努力就会有回报"这句话常常被提及。

它传达的意思是"只要付出努力，必定会在某种形式上获得回报"，然而，这句话颇具争议。

例如，有人认为："努力去实现某事本身就具有重要意义。即使短期内没有成功，从长远的角度来看，努力是会有回报的。"相反，也有人认为："这并非绝对，再怎么拼命努力也不一定会取得成果。"

"做了后悔不如不做"这样的说法经常被提及，现实中"后悔做了"也是存在的。如果努力了也没得到回报，或许有人会觉得从一开始还不如不做。

这种感受很容易理解。如果自己的努力真的得不到回报怎么办？——这样的担忧在某种意义上是理所当然的。

然而，**最好的情况是"做了也不后悔"。**

我们团队对于"努力就会有回报"做出了这样的结论：

"努力就会有回报"这句话表达不够充分。

确实，努力会有回报。然而，这里对"努力"一词的定义十分严谨，盲目努力或没有意义的努力并不算是努力。**确立清晰目标并朝着正确方向努力，这才能称之为真正的努力，才会有回报。**

反之，若持续做着错误的努力，将永远无法获得回报，也无法实现目标。

不正确的努力只是苦干。无论再怎么努力，也无法达成任何目标。为了避免努力变成苦干，必须确保自己努力的方向是正确的。

然而，这种**"朝着正确方向的努力"**并非在学习过程中就能明确知道。

若不在学习之前做好充分准备，思考学什么、如何学、怎样才能取得成效，努力将会变得毫无意义。

在《龙樱》中，樱木老师曾说过：**"学习是讲求合理性和效率的科学训练，也就是大脑和身体的协同！"**（第1卷第9回"斯巴达集训"）。确实，合理且高效的努力是至关重要的。

为了让各位能够做出"朝着正确方向的努力"，避免再次陷入"无回报的努力"之中，我们撰写了本书。

各位。

努力终将有回报。

只要清楚自身的不足之处和所期望达到的目标，并进行合理有效的努力，就一定会有回报。

因此，请大家不要再担心"做了后悔怎么办"。

如果是正确的努力，一定会有回报。你不会后悔的。如果能够运用从本书学到的知识，朝着正确方向做出努力，诸位必将如愿！

结束语

希望各位能够抱着这样的想法，再往前迈进一步！

龙樱团队全体

2023 年 6 月

作者简介

龙樱团队

由"逆袭成功"的东京大学在校生和具有"现实中的龙樱"指导经验的教师团队组成。该团队汇聚了诸多"逆袭考取"东京大学的在校学生,以及在大型教培学校积累了30多年教学经验的资深讲师。

他们在全国多所学校举办研讨会和讲座。每年指导超过1000名学生,并培养出许多"现实中的龙樱"。

2023年,在MBS电视台节目《星期一的青蛙,了解大海》的企划中,他们作为"单身母亲小仓优子一边抚养三个孩子一边从事演艺活动的同时,努力考上大学"项目的总监督,成功帮助小仓优子从偏差值30左右到获得学习院女子大学的候补资格,以及白百合女子大学的录取。

撰写本书的"龙樱团队"成员

西冈一诚

"龙樱团队"负责人，株式会社 Carpe Diem 法定代表人。

1996 年出生。从偏差值 35 的水平开始准备东京大学考试，经历两次落榜之后，通过自己开发的"自学技巧"方法绝地重生，将偏差值提升至 70，并在东京大学模拟考试中名列全国第四，最终成功考入东京大学。

为了向全国的学生和教师传授他的经验，西冈一诚于 2020 年创立了株式会社 Carpe Diem。他在全国高中为学生教授思考方法和学习方法，同时为教师提供教学方法的咨询。此外，他还运营 YouTube 频道"智能学园"，向约 1 万名订阅者传达学习的乐趣。

西冈一诚著有多部作品。《高分读书法》《东大作文》《高效学习》《东大自学法》（均由东洋经济新报社出版）系列在日本累计销量达 40 万册，成为日本知名畅销书。

布施川天马

东京大学在读学生。

1997 年出生。他出生于一个家庭年收入仅为 300 万日元的家庭，从小就过着贫困的生活。尽管受到经济和地理条件的限制，他仍然立志考入东京大学。

高中三年期间，布施川天马参加了各种社团活动并担任学生会会长，但由于缺乏自主学习的习惯，且没有经济能力上补习学校，他创造了自己的"省钱又省时的学习方法"，在经历一年的学习后，成功逆袭考入东京大学。

目前，他正在推动"现实中的龙樱"项目，旨在向全国传播自己的学习方法。此外，他还在 YouTube 频道"智能学园"上免费授课。

其著作包括《东大式时间管理术》《东大式节约学习法：家庭年收入 300 万日元也能考入东大的原因》(均由扶桑社出版)，以及《打开人生的最佳家庭学习法》(主妇与生活社)。

黑田将臣

东京大学在读学生。

就读于一所历史上从未有学生考入过东京大学的高中，入学时排名靠后，但通过破解考入东京大学的技巧，经历两次落榜后成功考入东京大学。在"努力就能成功"的神话盛行的大环境下，他加入了 Carpe Diem 团队，致力于改变应试技巧被补习学校等昂贵的教育产业垄断的现状，以及增加能够自行设定入学考试目标并通过自己的努力考入东京大学的学生数量。

著作有《东京大学入学考试的商业逻辑：破解赚取亿万的邪恶考试技巧》（星海社）。

相生昌悟

东京大学在读学生。

2000年出生。毕业于地方公立高中。虽然从高中入学时就开始努力学习，但未能取得理想成绩，因此开始思考努力的方式。最终确立了能够确保努力实现目标的"目标达成思维"，在高三时通过东京大学模拟考获得全国第一，后来成功考入东京大学。

目前通过"现实中的龙樱"项目在日本全国各地为高中生提供辅导。

著作有《东大式目标达成思维：抛弃"一切靠努力"的想法，实现目标必达手账术》（日本能率协会管理中心）、《东大入学考试彻底解析》（合著，文英堂）。

永田耕作

东京大学在读学生。

未经教培机构辅导，依靠自身努力考入东京大学理科一类，后转入文科，现就读于东京大学教育学部。同时加入 Carpe Diem 团队，通过演讲向全国各学校的高中生传达"学习的态度"和"努力的重要性"。他一边整理自己的经验和大学学习的教育理论，一边通过与中学生互动不断完善自己的思考。

著作有《东大生的思考模式：解开"思维杂乱"之谜》(日本能率协会管理中心)。

松岛可恋

东京大学在读学生。

高中时期因为缺乏自信而深受困扰。希望成为一个努力奋斗、能相信自己的人，于是决定参加东京大学的入学考试。然而，在高中一年级参加的模拟考试中，她的数学偏差值只有39，而且连国语答卷的使用方法都不清楚，成绩远远达不到进入东京大学的水平。

就在那时，她发现了"手账"。不仅可以用来倒推考前剩余天数，为每次模拟考试和每个阶段设立目标，还可以控制自己的日常生活。她意识到通过手账可以控制实现梦想所需的"时间、体力、精力"。此外，自从开始写手账后，她自然而然地变得更加积极、努力。

正因为这样，她成为全校唯一应届考入东大的学生。

著作有《无压力自然提高成绩的学习秘籍：东大生的合格手账术》（日本能率协会管理中心）。

滨井正吾

教育领域作家。

1990年11月11日出生于日本兵库县。以"9次落榜的滨井"为昵称在社交软件、视频、电视等平台上颇为活跃。

考入大阪产业大学经济学部经济学科后，转入龙谷大学经济学部现代经济学科并毕业。

由于高中时期遭受欺凌，他希望通过在社会上取得一定地位来报复欺凌者，因此在学生时期就以"假面复读生"的身份持续进行了4年的考试复习。大学毕业后，他曾在证券公司担任合同员工，但仅工作10天后便自愿离职，同月再次入职一家药品公司，开启了白天在公司工作，晚上去补习学校学习的生活。

后来他从该公司辞职，专心进行考试复习，历经9次复读，成功通过早稻田大学的普通入学考试，并于2018年进入教育学部国语国文学科，于2022年毕业。目前是 Carpe Diem 团队的成员。

著作有《避免复读的方法大全：成为"不会被志愿学校拒

绝的考生"所不应该做的事》(日本能率协会管理中心)。

青户一之

东大毕业讲师。

1983 年出生于日本鸟取县。从当地的重点高中毕业后,经历了一段自由职业者的生活,25 岁时转型成为补习班老师。26 岁起作为补习班的教室负责人一边进行管理工作,一边参与教学指导。

29 岁时,由于让一名充满热情的以东大为目标的学生落榜,他深切感受到自己学力不足且缺乏高考经验。为了能够指导以任何不同学校为目标的学生,他决定首先要让自己拥有能考上顶尖学府东大的能力,于是在 30 岁时决定报考东大。在担任补习班讲师的同时,他每天坚持学习 3 小时,并在 33 岁时考上东大文学部英文专业。

在校期间他坚持从事教学指导工作,现在是拥有 15 年丰富经验的专业教师。